CPSIA information can be obtained
at www.ICGtesting.com
Printed in the USA
BVHW050300200223
658797BV00010B/1767

9 788119 022243

# الہلال

## کے منتخب افسانے

مرتب:

ایم۔ کوٹھیاوی راہی

© Taemeer Publications

**AlHilal ke muntakhab Afsane** *(Stories)*

by: M. Kothiavi Rahi

Edition: February '2023

Publisher& Printer:

Taemeer Publications. Hvderabad.

ISBN 978-81-19-02224-3

9 788119 022243

کتاب : **الہلال کے منتخب افسانے**

مرتب : **ایم۔ کوٹھیاوی راہی**

صنف : فکشن

ناشر : تعمیر پبلی کیشنز (حیدرآباد، انڈیا)

زیر اہتمام : تعمیر ویب ڈیولپمنٹ، حیدرآباد

تدوین / تہذیب : مکرم نیاز

سالِ اشاعت : ۲۰۲۳ء

تعداد : (پرنٹ آن ڈیمانڈ)

طابع : تعمیر پبلی کیشنز، حیدرآباد – ۲۴

صفحات : ۱۳۲

سرورق ڈیزائن : مکرم نیاز

# فہرست

# تعارف

مولانا آزاد نے اپنے مشہور اخبار "الہلال" کو مواد کے لحاظ سے جو تنوع بخشا تھا، اس کی مثال مشکل سے ملے گی۔ تنوع کے باوصف اخبار کا معیار بھی کبھی پست نہ ہوا۔ یوں تو الہلال کے دورِ اول سے مولانا آزاد کے صاف ستھرے افسانوی ذوق کی نشاندہی ہوتی ہے، لیکن جب ۱۹۲۷ء میں مولانا نے الہلال کی دوبارہ اشاعت شروع کی تو اس میں "افسانہ" کے عنوان سے ایک مستقل زمرہ بھی شامل کیا گیا۔ اور اکثر شماروں میں کسی غیر ملکی زبان کے کسی افسانے کا ترجمہ شامل کیا جاتا رہا۔ دراصل مولانا آزاد اردوداں قارئین کو صنفِ افسانہ کے مغربی نمونوں سے آشنا کرانا چاہتے تھے اور الہلال کو اس کا ایک ذریعہ بنانا چاہتے تھے۔

یہ کتاب الہلال کے انہی افسانوں کا ایک جامع انتخاب ہے جسے ایم۔ کوٹھیاوی راہی نے مرتب کیا ہے۔

# پیش لفظ

کیا مولانا ابو الکلام آزاد کو ادب کی اس صنف سے، جسے قصہ یا افسانہ کہتے ہیں، دلچسپی تھی؟ جس نے مولانا کی تحریروں کا مطالعہ کیا ہے، وہ اس سوال کو لائق اعتنا نہیں سمجھے گا۔ اس حقیقت سے کون واقف نہیں ہے کہ کلام پاک کے مفسرین کو اسرائیلی روایات و قصص کا بھی مطالعہ کرنا پڑا ہے اور انھوں نے ان کی چھان بین میں خاصا زورِ قلم صرف کیا ہے۔ الہلال اور ترجمان القرآن کے اوراق شاہد ہیں کہ مولانا آزاد اساطیر و قصص پر ایک ماہر فن کی حیثیت سے اظہار خیال کرتے تھے۔

پھر بات یہیں ختم نہیں ہو جاتی، مولانا آزاد وسیع المطالعہ تھے۔ دوسرے ممالک کے جرائد و اخبارات برابر ان کے زیر مطالعہ رہتے تھے اور اس طرح ادب و صحافت کے عالمی رجحانات سے انھیں واقفیت تھی۔ وہ بعض ہم عصر اردو اخبارات و جرائد کے اس کھوکھلے پن کو بھی دیکھ رہے تھے کہ محض قارئین کی تفریح خاطر کے لیے وہ اپنے صفحات کی خانہ پُری مبتذل افسانوں یا ناولوں سے کرتے تھے۔

مولانا آزاد کسی ایک صنف کے پابند نہیں تھے، وہ شعر وادب کی ہر صنف کو پسند کرتے تھے بشرطیکہ وہ قومی ترقی کا وسیلہ ثابت ہو۔ مولانا آزاد کو قصے کے فن پر اس حد تک عبور تھا کہ وہ اس پر تبصرہ کرتے وقت اپنی بہترین تنقیدی بصیرت کا ثبوت پیش کر دیتے تھے۔ ایک ناول "زہرہ" پر تبصرہ کرتے ہوئے انھوں نے الہلال میں لکھا تھا:

"پلاٹ بالکل سادہ ہے...... عبارت میں یکسانی اور مواقع ومناظرہ کا اقتضا ملحوظ رکھنا ہمیشہ ضروری ہے اور افسانہ وقصص میں تو لازم والزم لیکن زہرہ میں جا بجا نشیب وفراز اور شتر گربہ پایا جاتا ہے۔ نیز اشخاص افسانہ کے حالات سے موزوں بھی نہیں۔"

انھوں نے اپنے مشہور اخبار الہلال کو مواد کے لحاظ سے جو تنوع بخشا تھا، اس کی مثال مشکل سے ملے گی۔ تنوع کے باوصف اس اخبار نے اپنا معیار پست نہیں ہونے دیا۔ یوں تو الہلال دور اوّل اور البلاغ کے بعض مضامین سے مولانا آزاد کے صاف ستھرے افسانوی مذاق کی نشاندہی ہوتی ہے۔ لیکن جب ۱۹۲۷ء میں مولانا نے الہلال کی اشاعت پھر شروع کی تو اس میں "افسانہ" کو ایک مستقل عنوان کا درجہ دیا گیا۔ اور اس کی اکثر اشاعتوں میں کسی افسانے کا ترجمہ شامل کیا جاتا تھا جو اصلاً کسی غیر ملکی زبان میں لکھا گیا تھا۔

مولانا آزاد نے تراجم کے ذریعہ اردو علم وادب کو مالا مال کرنے کی ہمیشہ کوشش بھی کی اور تلقین بھی۔ الہلال میں مترجمہ افسانوں کی اشاعت اسی سلسلے کی ایک کڑی ہے۔ ترجمے کی ماہیت کے بارے میں مولانا آزاد نے ایک دوسرے سیاق وسباق میں الہلال میں لکھا تھا:

ترجمہ بہت صاف، سلیس، بامحاورہ ہے اور غالباً بالقصد انگریزی طرزِ تحریر کی

خصوصیات کو نمایاں ہونے نہیں دیا ہے تاکہ ترجمہ کی جگہ عبارت میں مصنفانہ شگفتگی پیدا ہو جائے گو میں اِس طریق کو پسند نہیں کرتا اور ان تمام کتابوں کے لیے جو انگریزی سے ترجمہ کی جائیں، اولین شرط یہ سمجھتا ہوں کہ انگریزی انشار پردازی و بلاغت کو اردو میں گوارا کرکے بااصرار وہی قائم رکھا جائے۔"

مولانا آزاد نے ترجمے کے لیے بڑی سخت شرط عائد کر رکھی تھی۔ وہ ہرگز یہ نہیں چاہتے تھے کہ اردو عبارت کو شگفتہ بنانے کے لیے انگریزی انشار پردازی و بلاغت کا خون کیا جائے مگر مولانا آزاد نے الہلال میں جن مترجمہ افسانوں کو جگہ دی ہے، ان میں مصنفانہ شگفتگی کو بھی قائم رکھنے کی کوشش کی گئی ہے اور غیر مُلکی زبانوں کی انشار پردازی و بلاغت کو بھی بڑی حد تک قائم رکھا گیا ہے۔

بعض حضرات یہ یقین دہانی کی کوشش کر رہے ہیں کہ مولانا آزاد انگریزی یا فرانسیسی سے واقف نہیں تھے۔ میں اِس یقین دہانی کو مسلمات کی غیر مدلل تردید کے زمرے میں شمار کرتا ہوں۔ ہمارے پاس بڑی تعداد میں ایسے بیّن شواہد موجود ہیں، جو ان زبانوں سے مولانا کی گہری واقفیت کی نشاندہی کرتے ہیں۔ میں تو یہاں تک سمجھتا ہوں کہ مولانا کے اسلوب پر ان زبانوں کے اسالیب کے نقوش موجود ہیں لیکن اِس حقیقت کے باوصف یہ نہیں کہا جا سکتا کہ الہلال میں جو افسانے شائع ہوئے ہیں، وہ ترجمے کے باب میں مولانا آزاد کے کس حد تک رہینِ منت ہیں۔ میکسم گورکی کے افسانے "ماں" کے ترجمے کو اختر شیرانی کی طرف منسوب کیا جا سکتا ہے۔ اس کے آخر میں جو نظم ہے وہ اختر شیرانی کے کلیات میں موجود ہے افسانہ ـــ وکٹر ہیوگو کا "بشپ" اور تاریخ اسلام کا "بغدادی" ـــ مولانا آزاد کے

زورِ قلم کا نتیجہ ہے۔ اس میں ضمیر متکلم کا جو استعمال ہوا ہے اسے ثبوت کے طور پر پیش کیا جا سکتا ہے۔ یہ افسانہ دو قسطوں میں ہے۔ پہلی قسط کے آخر میں یہ عبارت ملتی ہے:

"ابنِ ساباط" کی سرگزشت کے لیے آئندہ مجلس افسانہ سرائی کا انتظار کیجیے۔" وصاف"

یہ حیرت کی بات نہیں کہ مولانا آزاد نے اپنا نام ظاہر کرنے کے بجائے ایک فرضی نام "وصاف" لکھنا مناسب سمجھا ہو۔ الہلال کی جو منظومات مولانا شبلی کی طرف منسوب ہیں، ان میں اکثر شبلی کے نام کی وضاحت نہیں ہوتی تھی بلکہ کشاف، نقاد، وصاف کا فرضی نام لکھا جاتا تھا۔ بہرحال اِن اُمور کی تحقیق جاری رہے گی۔ یہاں تو اِس امر کا اظہار کرنا مقصود ہے کہ مولانا آزاد اردو قارئین کو صنفِ افسانہ کے مغربی نمونوں سے آشنا کرانا چاہتے تھے اور الہلال کو اس کا ایک ذریعہ بنانا چاہتے تھے۔

ایم۔ کوٹھیاوی راہی صاحب نے الہلال کے افسانوں کا ایک جامع انتخاب مرتب کیا۔ اور اس پر ایک وقیع مقدمہ لکھا۔

یقین ہے کہ اِس انتخاب کو حسنِ قبول حاصل ہوگا۔

محمود الٰہی

۲۹ نومبر ۱۹۸۸ء

# مقدمہ

جس طرح مولانا ابوالکلام آزاد (۱۹۵۸- ۱۸۸۸) ایک ہمہ جہت اور منفرد شخصیت کے مالک تھے، اسی طرح انکا مشہور زمانہ ہفت روزہ اخبار "الہلال" بھی تنوع اور انفرادیت کا حامل تھا۔ حیات و کائنات کا شاید ہی کوئی ایسا اہم پہلو ہو جو الہلال کا موضوع نہ بنا ہو۔ اس میں علمی، ادبی، تہذیبی، اخلاقی، مذہبی، سیاسی، سماجی، معاشی، سائنسی، تاریخی، غرض ہر قسم کی خبریں اور مضامین ہوتے تھے۔ دراصل الہلال ایک اخبار نہیں ایک مشن تھا، اس کی حیثیت ایک تحریک کی تھی۔ مولانا آزاد نے الہلال سے اصلاح و تبلیغ کا زبردست کام لیا۔ انھوں نے حب الوطنی، قوم پرستی اور قومی یکجہتی کے جذبے کو بیدار کیا۔ شمع آزادی کی لَو تیز کی، سیاست اور مذہب کے حقیقی پہلوؤں سے عوام و خواص کو روشناس کرایا۔

ہفت روزہ الہلال جولائی سنہ ۱۲ء میں جاری ہوا اور اس کا پہلا دَور سنہ ۱۹۱۴ء میں ختم ہوگیا۔ اس عرصہ میں انگریزی حکومت نے دو بار ضمانتیں طلب کیں، نومبر سنہ ۱۹۱۵ء میں انھوں نے 'البلاغ' جاری کیا۔ البلاغ اور الہلال میں صرف نام کا فرق تھا، اسے الہلال کا ہی دوسرا دَور کہنا چاہئے۔ یہ اخبار مارچ سنہ ۱۹۱۶ء تک جاری رہا۔ اس کے بعد الہلال کا تیسرا اور آخری دور جون سنہ ۱۹۲۷ء میں شروع ہوا اور اسی سال دسمبر سنہ ۱۹۲۷ء میں ختم ہوگیا۔

مولانا آزاد کو دوسرے متعدد موضوعات کی طرح افسانوی ادب کا بھی ذوق تھا۔ اس لئے الہلال میں دوسرے اہم مضامین کی صف میں افسانوی حصّہ بھی ملتا ہے،

زیر نظر مجموعہ الہلال کے منتخب افسانوں پر مشتمل ہے، یہ سبھی افسانے ترجمہ شدہ ہیں۔ ان میں بعض افسانوں کا آزاد ترجمہ بھی کیا گیا۔ جس زمانے میں الہلال جاری ہوا وہ بڑا انتشار و اضطراب کا زمانہ تھا۔ مشرقیت اور مغربیت کی کشمکش جاری تھی۔ اس زمانے میں مغرب کے زیر اثر اردو میں مختصر افسانہ نگاری کا رواج ہوا۔ الہلال کے اجراء سے قبل سجاد حیدر یلدرم اور پریم چند مختصر افسانہ نگاری کی ابتدا کر چکے تھے۔ پریم چند کے افسانے حب الوطنی سے سرشار تھے۔ ان کے پہلے افسانوی مجموعے کو انگریزی حکومت نے ضبط کرلیا مگر افسانہ نگاری ان کے خمیر میں شامل تھی، ان پابندیوں سے وہ گھبرانے والے نہیں تھے۔ انھوں نے نہ صرف یہ کہ افسانہ نگاری جاری رکھی بلکہ اس کے موضوع کو وسعت دی اور کھل کر مزدوروں اور کسانوں کے مسائل سے بحث کی۔

جس وقت پریم چند اور ان کے مقلدین کانگریس کی تحریک آزادی اور دیگر قومی اور مذہبی تحریکوں سے متاثر ہو کر افسانے تخلیق کر رہے تھے، بعض ایسے افسانہ نگار بھی تھے جو ان تحریکوں سے الگ ہٹ کر مغربی طرز پر افسانے لکھ رہے تھے۔ ان کے افسانے "ادب برائے ادب" کے حامل تھے۔ ان میں سجاد حیدر یلدرم اور نیاز فتح پوری کے نام خاص طور پر قابلِ ذکر ہیں۔

اردو افسانہ نگاری میں ان افسانوں کا ذکر بھی بہر حال آئے گا جو دوسری زبانوں سے ترجمہ کئے گئے ہیں۔ انگریزی، فرانسیسی، جرمنی، روسی اور جاپانی افسانوں کے اردو میں وقیع ترجمے کئے گئے۔ حقیقت یہ ہے کہ اردو میں دوسری زبانوں کے افسانوں کے ترجمے کافی تعداد میں کئے گئے ہیں اور ان کے متعدد مجموعے بھی شایع ہو چکے ہیں۔

"الہلال" کے افسانے بھی ترجمہ شدہ افسانوں کے زمرے میں آتے ہیں۔ ان افسانوں میں، انگریزی، فرانسیسی، جرمنی، روسی اور بعض مشرقی افسانوں کے ترجمے شامل ہیں۔ تعجب یہ ہے کہ ان میں اردو یا کسی اور ہندوستانی زبان کا کوئی

افسانہ شامل نہیں ہے، جبکہ اس وقت اردو میں پریم چند اور بعض دوسرے افسانہ نگار اپنی شہرت کے منتہائے کمال کو پہنچ چکے تھے۔ شاید اس کا سبب یہ ہے کہ مولانا آزاد اردو افسانے کو خوب سے خوب تر کی منزل کی طرف گامزن دیکھنا چاہتے تھے اور اردو والوں کو بتانا چاہتے تھے کہ اردو افسانوں کو اپنی منزل مقصود تک پہنچنے کے لئے کتنے ہفت خواں طے کرنے پڑیں گے۔

"الہلال" میں جو افسانے شامل ہیں ان میں مترجم کا نام نہیں دیا گیا ہے، اس میں مولانا کی جو بھی مصلحت رہی ہو اس سے بحث نہیں، البتہ یہ ایک تحقیق طلب امر ہے کہ ان میں کون سا افسانہ خود مولانا کا ترجمہ کردہ ہے اور کتنے افسانے دوسرے اہل قلم کے رہین منت ہیں۔ بعض افسانوں کے اسلوب نگارش اور زبان وبیان سے پتہ چلتا ہے کہ یہ مولانا آزاد کے ترجمے ہیں، لیکن حتمی طور پر ان کا فیصلہ کرنا ایک کار دشوار ہے۔ یہ ضرور ہے کہ ان کے علاوہ جس نے بھی ان افسانوں کے ترجمے کئے ہیں وہ ان کے مزاج سے بخوبی آشنا معلوم ہوتا ہے۔

مولانا نے بعض افسانوں کے شروع میں افسانہ یا افسانہ نگار کی اہم خصوصیت کا ذکر کر دیا ہے جس سے عام قارئین کی معلومات میں اضافہ ہوتا ہے اور قاری کو افسانے کا پس منظر بھی معلوم ہو جاتا ہے۔ بعض ایسے افسانے ہیں جو تاریخی کردار یا حقائق پر مبنی ہیں اور انھیں افسانے کے روپ میں پیش کیا گیا ہے۔ ایک ڈرامے کے خلاصے کو بھی افسانے کا روپ دے دیا گیا ہے۔

'الہلال' کے افسانوں کی سب سے اہم خصوصیت یہ ہے کہ وہ مقصدی ہیں بہ الفاظ دیگر یہ بھی کہا جا سکتا ہے کہ بیشتر افسانوں پر مقصدیت غالب ہے۔ اور یہ ہونا بھی چاہئے تھا۔ کیونکہ افسانوی ادب سے مولانا آزاد کا مقصد محض تفنن طبع نہ تھا بلکہ وہ ان سے ملک و قوم کی اصلاح کا کام لینا چاہتے تھے، اسی لئے انھوں نے عموماً ایسے افسانوں کا انتخاب کیا ہے جو کسی نہ کسی طور پر اخلاقی و اصلاحی افسانے ہیں۔ اور ان کو پڑھ کر ہمیں عبرت حاصل ہوتی ہے۔ یہ بھی ممکن ہے کہ پریم چند یا اس دور

کے دوسرے افسانہ نگاروں کو جو ادب کو زندگی کا حصہ سمجھتے تھے ان افسانوں سے تقویت ملی ہو۔ ان میں جو تاریخی نوعیت کے افسانے ہیں انھیں پڑھ کر ہمیں یہ درس ملتا ہے کہ انسان کو اپنا نصب العین حاصل کرنے کے لئے کن مراحل سے گذرنا پڑتا ہے اور ہماری کوتاہیوں کا انجام کیا ہوتا ہے، زندگی میں اخلاقیات کی پابندی کس قدر ضروری ہے، مولانا نے جابجا اس کی وضاحت کی ہے۔ مغرب میں مادیت نے اخلاقیات کی جڑیں کھوکھلی کر دی تھیں، ایک افسانہ (ایلن کا شوہر) جو فرانس کے ایک مقبول ڈرامے کا خلاصہ ہے، اسی موضوع سے متعلق ہے اور اس کے ذریعہ مولانا نے دربردہ مشرقی اور مغربی قدروں کے تقابلی مطالعے کی دعوت دی ہے۔

یہ افسانے ترجمہ شدہ ہیں مگر ان سے یہ اندازہ لگایا جا سکتا ہے کہ مولانا آزاد کی نظر میں افسانے کی فنی خصوصیات کیا تھیں۔ الہلال کے افسانوں میں افسانویت یا کہانی پن پورے طور پر موجود ہے۔ اس سے ظاہر ہوتا ہے کہ وہ افسانوں کے لئے افسانویت یا کہانی پن ضروری سمجھتے تھے۔ اس کے بغیر افسانے کا مقصد حل نہیں ہوتا ہے۔ اس کے لئے یہ ضروری ہے کہ جو پلاٹ منتخب کئے جائیں، وہ ہماری زندگی اور حقیقت سے قریب ہوں اور غیر فطری نہ ہوں، ان میں ادبی صداقت ہونی چاہئے۔ علاوہ ازیں کرداروں پر خصوصی توجہ دینی چاہئے۔ کردار حقیقی معلوم ہوتے ہوں اور ان میں تصنع نہ ہو۔ اور وہ خوبی اور خامی دونوں کے حامل ہوں۔

الہلال کے افسانے تعمیری نقطۂ نظر کے حامل ہیں۔ اس سے ظاہر ہوتا ہے کہ مولانا آزاد فن افسانہ نگاری کو آلۂ اصلاح و تعمیر کے طور پر استعمال کرنے کی تلقین کرتے تھے۔ الہلال کے افسانوں میں کہیں کہیں مقصد کو براہ راست بیان کر دیا گیا ہے، آج یہ ایک افسانہ نگار کے لئے عیب کی بات ہے لیکن آزاد نے اصلاح کے پیش نظر اسے بھی معیوب نہ سمجھا ہوگا۔ یہاں عرض کر دینا بے محل نہ ہوگا کہ الہلال میں جو افسانے ہیں ان میں کچھ رومانی بھی ہیں لیکن ان میں بھی حقیقت کو مدنظر رکھا گیا ہے۔ بلکہ رومان کے پردے میں حقیقت کو پیش کیا گیا ہے۔ مولانا آزاد میں جمالیاتی حس بلا کی تھی، وہ

خوب جانتے تھے کہ ایسے افسانے بہت جلد مقبول عام ہوتے ہیں جن میں حقیقت اور رومان کا حسین امتزاج ہوتا ہے۔

ماحصل یہ ہے کہ الہلال کے مترجمہ افسانے اردو افسانے کی تاریخ میں ایک سنگ میل کی حیثیت رکھتے ہیں، الہلال اور مولانا آزاد پر تحقیق کرنے والا انھیں کسی قیمت پر نظرانداز نہیں کرسکتا۔

میں اتر پردیش اردو اکادمی کا شکرگذار ہوں کہ 'مولانا ابوالکلام آزاد صدی' کے موقعے پر الہلال کے افسانوں کے انتخاب و ترتیب کی خدمت میرے سپرد کی۔

مواد کی فراہمی میں ڈاکٹر تحریر انجم اور ڈاکٹر غلام حسین کے تعاون کا شکریہ ادا کرنا میرے واجبات میں شامل ہے۔

ایم۔ کوٹھیاوی راہی
مدیر اشتراک

گورکھپور
۲۲ر نومبر ۱۹۸۸ء

# محبّت اور قربانی
# یا
# سزا اور انتقام؟

## وکٹر ہیوگو کا "بشپ" اور تاریخ اسلام کا "بغدادی"

درس وفا اگر بود زمزمۂ محبتی
جمعہ بہ مکتب آورد طفل گریز پای را

انگریزی تعلیم یافتہ اشخاص میں بہت کم لوگ ہوں گے جنہوں نے فرانس کے مشہور انشا پرداز وکٹر ہیوگو Victor Hugo کی مصنفات کے انگریزی ترجمے نہ پڑھے ہوں۔ نثر میں اس کی بہترین کتاب لامیز یزیبل LesMiserables تسلیم کی گئی ہے۔ اس قصہ میں اُس نے دکھلایا ہے کہ انسانی زندگی کی تمام شقاوتیں اور مصیبتیں صرف اس لیے موجود ہیں کہ سوسائٹی کا نظام اور اخلاق غلط ہے۔ اس کے پاس رحم، محبّت، عفو، اور اصلاح کے لیے تو کوئی جذبہ نہیں، لیکن وہ قانون اور سزا پر پورا اعتقاد رکھتی ہے۔ نتیجہ یہ ہے کہ انسان کو جرم اور مصیبت سے بچانے کے لیے وہ کچھ نہیں کرسکتی۔ لیکن جرم پر سزا دینے اور مصیبت پر نفرت

کرنے کے لیے ہر وقت تیار رہتی ہے !

ایک شخص جو اپنی یا اپنے عزیزوں کی بھوک سے عاجز آکر چوری کرتا ہے، یا نیکی اور خدا پرستی کی تعلیم نہ ملنے کی وجہ سے گمراہ ہو جاتا ہے، اسے کتنی ہی سزائیں دی جائیں، وہ جرم کرتا ہی رہے گا۔ کیونکہ سزا نے نہ تو اس کی بھوک کا علاج کیا، نہ اس کی روح کی تاریکی کے لیے نیکی کی روشنی بہم پہونچائی۔ اس کا علاج رحم اور محبت ہے۔ مگر یہی چیز سوسائٹی کے پاس نہیں ہے !

وہ کہتا ہے، جرم اور گناہ رُوح کا زخم ہے۔ یہ محبت کے مرہم ہی سے اچھا ہو سکتا ہے۔ لیکن دنیا کے پاس مرہم نہیں ہے۔ صرف سزا کا تازیانہ ہے !

اس قصہ میں ایک نہایت ہی موثر سیرت (کیریکٹر) ایک قصبہ کے بشپ (بڑے پادری) کی ہے، اور اسی سے قصہ شروع ہوتا ہے۔ یہ بشپ رحم اور محبت کا پیکر تھا۔ انسان کی شقاوت اور مصیبت کے لیے اس کے دل میں نفرت کی جگہ رحمت تھی۔ وہ اِس حقیقت سے بے خبر نہ تھا کہ انسانی رُوح نفرت و بغض سے نہیں بلکہ محبت اور فیاضی سے شکار کی جا سکتی ہے۔ وہ اپنی تمام بیش قرار تنخواہ بے نواؤں کی اعانت اور بیماروں کی تیمار داری میں خرچ کر ڈالتا اور کہتا "یہ میرے گھر کا خرچ ہے"۔ وہ اپنا تمام وقت ابنا جنس کی خبر گیری و خدمت میں صرف کر دیتا اور کہتا "یہ میرے اوقات کی تقسیم ہے"۔ جب کبھی کوئی بیمار ہوتا، یہ اس کے سرہانے پہونچ جاتا۔ جب کبھی کوئی مصیبت میں مبتلا ہوتا، یہ اُس کے دروازہ پر دستک دیتا۔ جب کبھی کوئی مجرم گرفتار ہوتا، یہ اُسے توبہ و انابت کی تسکین دینے میں مشغول نظر آتا !

اُس کا دروازہ ہمیشہ کھُلا رہتا۔ ہر آنے والے کے لیے وہ ایک ہی آواز رکھتا تھا "اندر چلے آؤ"۔ اُس کی راتیں خدا کے تصور میں بسر ہوتی تھیں اور دن اُس کے بندوں کی محبت میں !

اُسی زمانہ میں ایسا اتفاق ہوا کہ فرانس کا ایک مشہور مجرم اٹھارہ برس کی سزا جھیل کر تولون کے قید خانہ سے رہا ہوا اور اُسی قصبہ سے گذرا۔ جاڑے کا موسم تھا۔ ایک پہر رات گذر چکی تھی۔ بھوک اور تھکن سے چور چور ہو رہا تھا۔ سارے قصبہ کا بار بار چکر لگایا کہ رات

بھر کے لئے کہیں پناہ مل جائے مگر میسّر نہ آئی - وہ ایک رہا شدہ قیدی تھا - کون تھا جو ایسی قابل نفرت مخلوق کو اپنی چھت کے نیچے دیکھنا گوارا کرتا ؟ مجبوراً اُس نے ایک احاطہ کی شکستہ کوٹھری میں پناہ لی ، لیکن وہ کتے کا گھر تھا - کتے نے بھی گوارا نہ کیا کہ اُس کے ساتھ شب باش ہو ! پھر اُس نے سوچا ، میرے لیے صرف قیدخانہ ہی میں جگہ نکل سکتی ہے - وہ قصبہ کے قیدخانہ کے دروازہ پر پہونچا اور بڑی عاجزی سے درخواست کی کہ رات بھر کے لیے اُسے جگہ دیدی جائے - لیکن دروازہ کے محافظ نے کہا " یہ سرائے نہیں ہے - قیدخانہ ہے - اگر یہاں آنا چاہتے ہو تو پہلے اپنے آپ کو گرفتار کراؤ "

افسوس بدقسمت انسان ! قیدخانہ بھی اُسے پناہ نہیں دے سکتا جب تک وہ جرم نہ کرے -

آخر اتفاقات اسے بشپ کے دروازہ پر پہونچاتے ہیں - حب معمول آواز آتی ہے " اندر چلے آؤ " یہ مکان میں جاتا ہے اور اپنی داستان مصیبت سُناتا ہے - بشپ ایک دوست اور بھائی کی طرح اس کا خیر مقدم کرتا ہے اور اپنے اور اپنے خاندان کے ساتھ میز پر بٹھا کر کھانا کھلاتا ہے - گرم کمرہ ، گرم غذا ، آرام و عافیت سے رات بسر کرنے کا سامان ، صورت حال کی یہ تبدیلی جین والجین کی طبیعت میں ( کیونکہ رہا شدہ قیدی کا یہی نام تھا ) شگفتگی پیدا کر دیتی ہے - وہ بشپ سے بے تکلف ہو کر باتیں کرنے لگتا ہے - لیکن وہ سخت متعجب ہوتا ہے جب دیکھتا ہے کہ بشپ اُسے گفتگو میں " جناب " کر کے مخاطب کرتا ہے - اُس نے اپنی زبان سے لاکھوں مرتبہ دوسروں کو " جناب کہا تھا ، لیکن خود اپنے لئے یہ لفظ کبھی نہیں سُنا تھا - اُس کی ساری عمر قیدخانے کے سپاہیوں کی گالیاں سُننے میں بسر ہوئی تھی - وہ حیران ہو کر کہتا ہے " میں ایک رہا شدہ قیدی ہوں - اگر تم میرے حال سے واقف ہوتے تو ایسا نہ کہتے " لیکن بشپ کہتا ہے " میں تم سے واقف ہوں - کیونکہ تم میرے بھائی ہو ! "

کھانے کے بعد وہ جین کے لئے اپنے کمرے کے ساتھ کا کمرہ تیار کرا دیتا ہے - چاندی کا شمع دان روشنی کے لئے رکھ دیتا ہے اور شب بخیر کہہ کر رخصت ہو جاتا ہے -

جین شکرگذار ہو کر سو جاتا ہے - عمر بھر میں یہ پہلا موقع تھا کہ قیدخانہ کے سخت

اور ٹھنڈے فرش کی جگہ ایک نرم اور گرم بستر سے اس کا جسم مس ہوا تھا!

اب ایسا ہوتا ہے کہ پچھلے پہر اُس کی آنکھ کھلتی ہے اسکا دماغ جو شام کی مصیبتوں سے تھک کر معطل ہوگیا تھا، کئی گھنٹے آرام پاکر اپنی اصلی حالت میں واپس آجاتا ہے اور اپنا گرد و پیش سوچنے لگتا ہے۔ اچانک اُس کے خیالات میں جنبش ہوتی ہے۔ طمع وحرص کے مجرمانہ جذبات بھڑک اُٹھتے ہیں۔ جرم کا ذوق خفتہ بیدار ہوجاتا ہے۔ اسے یاد آتا ہے کہ کھانے کی میز پر چاندی کے قیمتی برتن موجود تھے جو اسی کرہ میں ایک جگہ رکھے ہوئے ہیں۔ وہ اٹھتا ہے۔ پہلے بشپ کے کرے میں جاتا ہے۔ نہیں معلوم جرم وگناہ کے کیسے خوفناک ارادے اس کے اندر کھول رہے تھے؟ لیکن جب بشپ کے ساکن اور نورانی چہرے پر نظر پڑتی ہے تو جھجھک کر رہ جاتا ہے۔ گھبراہٹ میں جلد جلد چاندی کے برتن اُٹھاتا ہے، اور باغ کی دیوار پھاند کر روانہ ہوجاتا ہے۔

بشپ صبح اُٹھتا ہے۔ وہ خیال کرتا ہے کہ اپنے مہمان کے لئے گھر کی گائے کا تازہ دودھ مہیا کرے۔ لیکن اتنے میں خادمہ آتی ہے اور خبر دیتی ہے کہ یہ "مہمان عزیز" چاندی کے تمام برتن لے کر بھاگ گیا۔ بشپ سنتا ہے، لیکن اس کی زبان سے شکایت کا ایک حرف نہیں نکلتا۔ وہ کہتا ہے لکڑی یا لوہے کے برتن بھی اسی طرح کام دے سکتے ہیں جس طرح چاندی کے برتن، وہ بہ آسانی مہیا کرلیے جائیں گے!

اتنے میں دروازہ کھلتا ہے اور پولیس کے سپاہی جین والجین کو گردن سے پکڑے نمودار ہوتے ہیں۔ ان سے معلوم ہوتا ہے کہ صبح یہ قصبہ سے نکل کر تیزی سے بھاگا جارہا تھا۔ پولیس کے ایک سپاہی کو شبہ ہوا اور گرفتار کرلیا۔ شبہ کی تصدیق اُس بقچے سے ہوئی جو اس کی بغل میں تھا۔ اُس سے چاندی کے قیمتی برتن نکلے۔

یہی موقع بشپ کی سیرت (کیریکٹر) کی سب سے زیادہ موثر تصویر پیش کرتا ہے۔ جونہی بشپ کی نظر جین پر پڑی، بے تامل آگے بڑھا:

"میرے دوست کیا تم ہو؟" بشپ نے کہا "میں تمہیں دیکھ کر بہت خوش ہوا۔ لیکن یہ کیا بات ہے کہ تم جاتے ہوئے اپنے شمعدان یہیں چھوڑ گئے؟ حالانکہ وہ بھی چاندی

کے ہیں" اُس نے چاندی کے لفظ پر زور دیا " اور کم سے کم دو سو روپیہ میں فروخت ہو جا سکتے ہیں ؟ "

پولیس افسر ایک دوسری ہی طرح کے معاملہ کا متوقع تھا۔ یہ صورت حال دیکھی تو گھبرا گیا۔

" تو کیا وہ بات ٹھیک تھی " پولیس افسر نے متعجب ہو کر کہا " جو اس شخص نے ہم سے بیان کی تھی ؟ جب ہم نے اس سے دریافت کیا کہ یہ قیمتی سامان تمہیں کیونکر ملا ؟ تو اُس نے کہا کہ . . . . . "

بشپ نے اس کی بات ختم ہونے کا انتظار نہیں کیا۔ خود ہی یہ کہہ کر پوری کر دی:

" اُس نے کہا کہ یہ چیز مجھے ایک بوڑھے پادری نے دی تھی جس کے یہاں میں نے رات بسر کی تھی، مگر تم نے اس کی بات باور نہ کی اور گرفتار کر کے میرے پاس لے آئے۔ کیوں؟ یہی بات ہے ؟ اگر یہی بات ہے تو تم نے غلطی کی "

پولیس افسر نے جین کو چھوڑ دیا۔ جین کی کند اور اکھڑ طبیعت کے لیے ممکن نہ تھا کہ وہ اس لطیف مگر حیرت انگیز طرز عمل کی نزاکت محسوس کر سکتا۔ صورت حال کی عجیب غیر متوقع، اور انقلابی نوعیت نے اسے مبہوت کر دیا۔ اُس کی آنکھیں کھلی تھیں مگر اُسے کچھ دکھائی نہیں دیتا تھا۔ بشپ اُٹھا اور چاندی کے دونوں شمعدان جو اس کی چوری سے بچ رہے تھے، اٹھا کر سامنے کر دیے:

" میرے دوست! یہ اپنی چیزیں لو اور خدا کے امن اور سلامتی کے ساتھ جاؤ۔ مگر دیکھو، جب کبھی تم واپس آؤ، تو یاد رکھنا۔ تمہارے لیے بالکل غیر ضروری ہے کہ باغ میں سے گذرنے کی زحمت برداشت کرو۔ تم اس گھر میں ہمیشہ صدر دروازے سے داخل ہو سکتے ہو۔ رات ہو یا دن۔ وہ کبھی اندر سے بند نہیں کیا جاتا۔ صرف بھڑا دیا جاتا ہے "

جین نے بغیر اس کے کہ صورت حال سمجھ سکا ہو، ایک ایسے آدمی کی طرح جو اپنے ہوش و حواس میں نہ ہو، ہاتھ بڑھا دیا اور شمعدان لے لیے۔ اب بشپ ایک قدم آگے بڑھتا ہے اور جین کے کان میں کہتا ہے :

" دیکھو یہ نہ بھولنا کہ تم نے مجھ سے آج کیا وعدہ کیا ہے ؟ تم نے وعدہ کیا ہے کہ اس سامان کی قیمت سے ایک راست باز آدمی کی زندگی بسر کرو گے "

جین نے کوئی وعدہ نہیں کیا تھا۔ وہ تو مبہوت اور دم بخود کھڑا تھا، بشپ نے اس کے کہنے کا انتظار نہیں کیا۔ اسے جو کہنا چاہئے تھا، وہ خود ہی اُس کی طرف سے فرض کر لیا۔ قبل اس کے کہ منظر ختم ہو، بشپ کی زبان پھر کھلتی ہے۔ وہ جین کے کاندھے پر شفقت سے ہاتھ رکھتا ہے اور کہتا ہے :

" جین والجین! میرے دوست! میرے عزیز بھائی! اب تم زیادہ عرصہ تک برائی کی زندگی میں نہیں رہ سکتے۔ میں نے آج تمہاری رُوح تم سے خرید لی ہے۔ میں اُسے تاریکی سے نکال کر خدا کے حوالہ کرتا ہوں ! "

میں نے جب کبھی قصہّ کا یہ حصّہ پڑھا ہے، تو محسوس کیا ہے کہ کوئی چیز ضرورت سے زیادہ یہاں آگئی ہے میں خیال کرتا ہوں، اگر وکٹر ہیوگو یہ منظر وہیں پر ختم کر دیتا جہاں بشپ نے شمعدان دے کر کہا تھا " سلامتی کے ساتھ جاؤ " تو یہ تصویر کہیں زیادہ موثر اور مکمل ہوتی۔ اس سے زیادہ بشپ کو خود اپنی زبان سے کہنے کی ضرورت نہ تھی۔ اس سیرت (کیریکٹر) کی ساری تاثیر اُس کی حالت کی رفعت اور کیفیتّ میں ہے۔ صراحت اور وضاحت میں نہیں ہے۔ بسا اوقات عمل کی تاثیر ایک مقدس خاموشی ہوتی ہے جسے چھونا نہیں چاہئے۔ زبان کی گویائی اُس میں مخل ہو سکتی ہے مگر اضافہ نہیں کر سکتی !

بہر حال جین یہاں سے نکلتا ہے، اور اب وہ وقت آتا ہے کہ زندگی بھر کی خواب گراں کے بعد اچانک اُس کی آنکھیں کھلتی ہیں اور وہ دیکھتا ہے کہ افکار و احساسات کی ایک بالکل نئی دنیا اس کے اندر پیدا ہو گئی ہے۔ یہ اُس کی زندگی میں پہلا موقعہ تھا کہ نفرت، حقارت، اور سزا کی جگہ رحم، محبت، اور عفو و بخشش کی دل نواز صدا اُس کے کانوں میں پڑی تھی۔ یہ پہلا موقعہ تھا کہ اسے معلوم ہوا، اس دنیا میں صرف " قانون " اور " سزا " ہی نہیں ہے بلکہ ان سے بھی بالاتر حقیقت ہے جو " محبت " اور " قربانی " ہے اور جس کی وسعت اور گہرائیوں کی کوئی انتہا نہیں۔ وہ کتنا ہی اس حقیقت کی تاثیر سے بچنا چاہتا لیکن یہ اُس کا روح و دل زخمی کیے بغیر نہیں

رہ سکتی تھی۔ وہ قید خانہ تو یوں کا مشہور مجرم سہی، مگر پھر بھی انسان تھا۔ سانپ اور بھیڑیا نہ تھا۔ سانپ کا پھن اور بھیڑیے کا پنجہ بھی تو محبت اور فیاضی کے سامنے نہیں اُٹھ سکتا؟ ناممکن تھا کہ وہ بشپ کی رحمت و قربانی سے اپنی شقاوت و معصیت کا مقابلہ نہ کرتا۔ اُس کا دل جسے سوسائٹی کی بے مہری، قانون کی سنگ دلی، اور زندگی کی محرومیوں نے پتھر کی طرح سخت کردیا تھا، اب محبت کی دل نوازیوں سے بے اختیار پگھلنے لگا۔ سچ پوچھ تو اُس کی روح اس کی نہیں رہی تھی۔ اُسے بشپ کی نگاہ محبت نے خرید لیا تھا۔ اس خرید و فروخت میں بشپ نے چند برتن کھوے، لیکن جین نے اپنی پوری زندگی جو گم ہوچکی تھی واپس پالی۔ اگر بشپ جین کو قانون اور سزا کے حوالے کر دیتا تو کیا پاتا؟ چاندی کے چند برتن جو اس کے گھر سے چُرائے گئے تھے۔ لیکن چاندی کے برتن زیادہ قیمتی ہیں یا خدا کے ایک بھٹکے ہوئے بندے کی خدا کی طرف واپسی؟ بشپ کا فیصلہ یہ تھا کہ چاندی نہیں بلکہ انسان قیمتی ہے! اُس نے برتنوں کے ساتھ شمعدان بھی ملا دیے۔ کیونکہ پھر بھی یہ سودا بہت ارزاں تھا!

نیکی اور بدی میں کشمکش شروع ہوگئی۔ مقابلہ سخت تھا مگر جیت نیکی ہی کے لیے تھی۔ جین نے تاریکی اور گناہ کا دشتِ بے کنار پیچھے چھوڑا، اور ایک ہی جست میں نیکی اور خدا پرستی کی بلندیوں پر پہونچ گیا:

بال بکشا و صفیر از شجر طوبیٰ زن
حیف باشد چو تو مرغے کہ اسیرِ قفسی!

نیکی کی دنیا بدی کی دنیا سے کس قدر دُور معلوم ہوتی ہے اور پھر دیکھو تو کتنی نزدیک ہے؟ جب تک تم نے اس کی طرف قدم نہیں اُٹھایا، وہ اتنی دور ہے کہ اس کا نشان راہ بھی نہیں دکھائی نہیں دیتا۔ لیکن جونہی تم اس کی طرف چلے، وہ اتنی نزدیک ہوجاتی ہے کہ ساری مسافت ایک قدم سے زیادہ نہیں! یونانی علم الاصنام کی ضرب المثل تھی: "مریخ کے مندر اور عطارد کے مندر میں صرف ایک دیوار حائل ہے" کیونکہ دونوں ایک ہی احاطہ میں تھے، اور جنگ و خوں ریزی کے مندر سے نکل کر علم و امن کی مندر میں جانے کے لیے صرف اتنا کرنا پڑتا تھا کہ پیچ کے ایک دروازے سے نکل کر دوسرے دروازے میں قدم رکھدیا۔ یہ اس طرف اشارہ تھا کہ

علم وجہل، محبت وجنگ، اور نیکی وبدی کی دنیائیں کتنی ہی وسیع اور دور دراز نظر آتی ہوں، مگر اس کے لیے جو ایک سے نکل کر دوسری میں قدم رکھنا چاہے؟ اس سے زیادہ مسافت نہیں ہے کہ ایک گھر کی چوکھٹ سے نکلے اور دوسری چوکھٹ میں قدم رکھ دیا!

طے می شود ایں رہ بہ درخشیدن برقے

ما بے خبراں منتظر شمع و چراغیم!

بالآخر فرانس کا وہ مشہور مجرم جس کے لیے چوری پیشہ اور قتل تفریح تھی، جسے دنیا کا قانون اور سوسائٹی کا انصاف اٹھارہ برس عذاب میں رکھ کر بھی جرم سے روک نہیں سکا تھا جس کی شقاوت اور سیہ کاری اس حد تک پہونچ چکی تھی کہ قید خانے سے نکلتے ہی پہلا وار اپنے محسن پر کر گذرا، اور ذرا بھی ضمیر کی ملامت محسوس نہ کی؛ اب ایک شریف، راست باز، خدا پرست، اور فیاض آدمی تھا جس کی دولت بندگان خدا کی بے لوث خدمت میں اور جس کی زندگی مصیبت زدوں اور بے سروسامانوں کی غم خواری میں صرف ہوتی تھی! اسی پر نہیں بلکہ گذشتہ کے احساس اور مستقبل کی طلب نے اب اس کے اندر نیکی اور ایثار کی ایک ایسی اعلیٰ روح پیدا کر دی تھی جس کی طاقت کی کوئی انتہا اور جس کی وسعت کا کوئی کنارہ نہ تھا۔ بشپ کا نمونہ اسے اپنی روحانی بلندی کی سطح سے بھی ایک زیادہ بلندی کی طرف دعوت دے رہا تھا!

انسان کتنا ہی نیک بننا چاہے لیکن سوسائٹی اسے نیک بننے نہیں دیتی۔ وہ اس کا زندگی کے ہر گوشے اور ہر موڑ پر تعاقب کرتی ہے۔ جین کچھ سے کچھ ہوگیا، اس کی روح بدل گئی، اس کا دل پلٹ گیا، اس کا سینہ جو کبھی شیطان کا نشیمن تھا، مقدسوں کی نیکیوں کا آشیانہ اور فرشتوں کی پاکیوں کا خزینہ بن گیا؛ تاہم سوسائٹی نہ تو اسے معاف کر سکی، نہ اس کی راہ روکنے سے باز آئی۔ ایک کے بعد ایک آزمائشیں آتی گئیں، اور اسکی وہ نیکی جو بشپ نے شمعدان پکڑاتے ہوئے اسکے دل کے ریشے ریشے میں اتار دی تھی، متزلزل نہ ہوئی۔ وہ قربانیوں پر قربانیاں کرتا گیا۔ اس نے انسان کی خدمت اور محبت کے لیے اپنا سب کچھ دے دیا۔ لیکن انسان اسے انصاف کا ایک کلمہ، اعتراف کا ایک اشارہ، عزت کی ایک غلط انداز نظر بھی نہ دے سکا!

افسانہ بہت طول کھینچتا ہے۔ سالہا سال گذر جاتے ہیں۔ یورپ کے بعض اہم واقعات

شروع ہوتے ہیں اور ختم ہوجاتے ہیں۔ "واٹرلو" کا معرکہ اور "فرانس کا تیسرا انقلاب" بھی ہوچکتا ہے، لیکن جین کی عجیب و غریب زندگی کی مسلسل اور غیر مختتم قربانیاں ختم ہونے پر نہیں آتیں۔ وہ اپنی زندگی کا تمام آخری حصّہ صرف کرکے جس یتیم اور مظلوم لڑکی کی پرورش کرتا ہے اور سمجھتا ہے کہ اُس کی زندگی کی ساری نامرادیوں اور شقاوتوں کا صلہ اس بچہ کی محبّت میں مل جائے گا، وہ بھی اُس سے بے پروا ہوجاتی ہے۔ جس شخص کی زندگی کو وہ ایک ایسے زہرہ گداز اور دہشت انگیز خطرہ میں پڑ کر بچاتا ہے جس کا تصوّر بھی انسان کو سہما دے، وہ بھی اسکے ساتھ انصاف نہیں کرسکتا اور اس سے منھ موڑلیتا ہے۔ آخر وہ وقت آتا ہے جب اسّی برس کی عمر میں تن تنہا بسترِ موت پر کروٹیں بدلتا ہے۔ اُس وقت انسان تیار ہوتا ہے کہ اُس کے ساتھ انصاف کرے۔

ساری عمر کی نیکی اور قربانی کے بعد اعتراف کی یہی چند گھڑیاں تھیں جو سوسائٹی اسے دے سکی!

وکٹر ہیوگو کی یہ تیار کی ہوئی سیرت (کیریکٹر) نہایت مقبول ہوئی ہے۔ یورپ کے بڑے بڑے مصوّروں نے اس کا مرقع کھینچنے میں اپنے کمالات کے جوہر دکھلائے ہیں۔ سب سے بہتر مرقع مورس کا تسلیم کیا جاتا ہے جو گذشتہ صدی کا نامور فرانسیسی مصوّر تھا۔ اُس مرقع میں اُس نے وہ منظر دکھلایا ہے جب پولیس کے سپاہی جین کو گرفتار کرکے لاتے ہیں اور بشپ کے سامنے پیش کرتے ہیں۔ جین دم بخود کھڑا ہے۔ اس کے ہاتھ میں چوری کے مال کا بقچہ ہے۔ بشپ مسکراتا ہوا آگے بڑھتا ہے اور چاندی کے شمعدان اُسے پکڑا رہا ہے۔ نیچے یہ عبارت درج ہے "میرے دوست! تم رات جاتے ہوئے یہ شمعدان کیوں چھوڑ گئے؟ یہ بھی تو چاندی کے ہیں اور دو سو روپیہ میں فروخت ہوسکتے ہیں"؟

کچھ عرصہ ہوا میں سفر میں تھا اور گذرانِ وقت کے لیے یہ قصّہ پڑھ رہا تھا۔ میں نے خیال کیا کہ وکٹر ہیوگو نے اپنے زورِ تخیل سے انسانی سیرت کا ایک بڑا ہی بلند اور دلاویز نقشہ کھینچا ہے، لیکن اگر اُس نے معشوق کی شاعری کی طرح (کیونکہ اُس نے سعدی اور حافظ کا مطالعہ کیا تھا) معشوق کے اخلاق و تصوف کا بھی مطالعہ

کیا ہوتا تو اسے معلوم ہو جاتا کہ اس طرح کی اخلاقی سیرت یہاں کی عملی زندگی کے واقعات رہ چکے ہیں۔ پھر مجھے خیال آیا کہ سید الطائفہ جنید بغدادیؒ اور ابن ساباط کا واقعہ کس درجہ اس سے مشابہ، اور اپنی تفصیلات میں کیسا شاندار اور موثر ہے؟

---

"ابن ساباط" کی سرگزشت کے لیے آئندہ مجلس افسانہ سرائی کا انتظار کیجیے

"وصاف"

"الہلال" ۱۵ جولائی ۱۹۲۷ء

# محبت اور قربانی
# یا
# انتقام اور سزا؟

## وکٹر ہیوگو کا "بشپ" اور تاریخِ اسلام کا "بغدادی"

درسِ وفا اگر بود زمزمۂ محبتے
جمعہ بہ مکتب آورد طفل گریز پائے را!

(دوسرا حصہ)

ہجرۃ کی تیسری صدی قریب الاختتام ہے۔ بغداد کے تخت خلافت پر المعتضد باللہ عباسی متمکن ہے۔ معتصم کے زمانے سے دارالخلافہ کا شاہی اور فوجی مستقر سامرہ میں منتقل ہو گیا ہے۔ پھر بھی سرزمین بابل کے اس نئے بابل میں پندرہ لاکھ انسان بستے ہیں۔ ایران کے اصطخر، مصر کے ریمسس، اور یورپ کے روم کی جگہ اب دنیا کا تمدنی مرکز بغداد ہے۔

دنیا کی اس ترقی یافتہ مخلوق جسے "انسان" کہتے ہیں کچھ عجیب حال ہے۔ یہ جتنا کم ہوتا ہے، اتنا ہی نیک اور خوش ہوتا ہے۔ اور جتنا زیادہ بڑھتا ہے، اتنی ہی نیکی

اور خوشی اس سے دور ہونے لگتی ہے۔ اس کا کم ہونا خود اس کے لئے اور خدا کی زمین کے لئے برکت ہے۔ یہ جب چھوٹی چھوٹی بستیوں میں گھانس پھونس کے چھپر ڈال کر رہتا ہے، تو کیسا نیک، کیسا خوش، اور کس درجہ حلیم ہوتا ہے؟ محبت اور رحمت اس میں اپنا آشیانہ بناتی ہے اور روح کی پاکیزگی کا نور اس کے جھونپڑوں کو روشن کرتا ہے۔ لیکن جونہی یہ جھونپڑیوں سے باہر نکلتا ہے، اس کی بڑی بڑی بھیڑیں ایک خاص رقبہ میں اکٹھی ہو جاتی ہیں تو اس کی حالت میں کیسا عجیب انقلاب ہو جاتا ہے؟ ایک طرف تجارت بازاروں میں آتی ہے، صنعت و حرفت کارخانے کھولتی ہے، دولت سربفلک عمارتیں بناتی ہے، حکومت و امارت شان و شکوہ کے سامان آراستہ کرتی ہے۔ لیکن دوسری طرف نیکی رخصت ہو جاتی ہے، محبت اور فیاضی کا سراغ نہیں ملتا، اور امن و راحت کی جگہ انسانی مصیبتوں اور تضادوں کا ایک لازوال دور شروع ہو جاتا ہے۔ وہی انسان کی بستی جو پہلے نیکی و محبت کی دنیا اور راحت و برکت کی بہشت تھی، اب افلاس و مصیبت کا مقتل اور جرموں اور بدیوں کی دوزخ بن جاتی ہے۔ وہی انسان جو جھونپڑیوں کے اندر محبت اور فیاضی کی گرمجوشی تھا، اب شہر کے سربفلک محلوں کے اندر بے مہری و خود غرضی کا پتھر ہوتا ہے۔ جب وہ اپنے عالیشان مکانوں میں عیش و لغت کے دسترخوان نو پر بیٹھتا ہے، تو اس کے کتنے ہی ہم جنس سڑکوں پر بھوک سے ایڑیاں رگڑتے ہیں! جب وہ عیش و راحت کے ایوانوں میں حسن و جمال کی محفلیں آراستہ کرتا ہے، تو اس کے ہمسایہ میں یتیموں کے آنسو نہیں تھمتے اور کتنی ہی بیوائیں ہوتی ہیں جن کے بدنصیب سروں پر چادر کا ایک تار بھی نہیں ہوتا! زندگی کی قدرتی یکسانی کی جگہ اب زندگی کی مصنوعی مگر بے رحم تضادتیں ہر گوشے میں نمایاں ہو جاتی ہیں!

پھر جب انسانی بے مہری اور خود غرضی کے لازمی نتائج ظاہر ہونے لگتے ہیں، کمزوری، افلاس، اور بے نوائی سے مجبور ہو کر بد بخت انسان جرم کی طرف قدم اٹھاتا ہے، تو اچانک دنیا کی زبانوں کا سب سے زیادہ بے معنی لفظ وجود میں آجاتا ہے۔ یہ "قانون" اور "انصاف" ہے۔ اب بڑی بڑی شاندار عمارتیں تعمیر کی جاتی ہیں اور

ان کے دروازہ پر لکھا جاتا ہے "انصاف کا گھر" انصاف کے اس "مقدس گھر" میں کیا ہوتا ہے؟ یہ ہوتا ہے کہ وہی انسان جس نے اپنی بے رحمی و تغافل سے مفلس کو چوری پر اور نیک انسانوں کو بداطوار بن جانے پر مجبور کر دیا تھا، قانون کا پُرہیبت جبّہ پہن کر آتا ہے اور فرشتوں کا سا معصُوم اور راہبوں کا سا سنجیدہ چہرہ بنا کر حکم دیتا ہے کہ مجرم کو سزا دی جائے۔

کیوں؟

اس لئے کہ اس نے چوری کی ہے۔

اُس بدبخت نے چوری کیوں کی؟

اس لئے کہ وہ انسان ہے، اور انسان بھُوک کا عذاب برداشت نہیں کر سکتا۔ اس لئے کہ وہ شوہر ہے، اور شوہر اپنی بیوی کو بھوک سے ایڑیاں رگڑتے نہیں دیکھ سکتا۔ اس لئے کہ وہ باپ ہے، اور باپ کی طاقت سے باہر ہے کہ اپنے بچوں کے اُن آنسوؤں کا نظارہ کرسکے جو بھوک کی اذیت سے ان کے معصُوم چہروں پر بہ رہے ہوں!

پھر اگر بدقسمت انسان قیدخانہ اور تازیانے کی سزائیں جھیل کر بھی اس قابل نہیں ہو جاتا کہ بغیر غذا کے زندہ رہ سکے، تو "مقدس انصاف" اصلاح اور انسانیت کا آخری قدم اٹھاتا ہے، اور کہتا ہے اِسے سولی کے تختے پر لٹکا دو! یہ گویا انسان کے پاس اس کے ابنائے جنس کی مصیبتوں اور شقاوتوں کا آخری علاج ہے!

یہ ہے انسان کی شہری اور متمدن زندگی کا اخلاق! وہ خود ہی انسان کو بُرائی پر مجبور کرتا ہے اور خود ہی سزا بھی دیتا ہے۔ پھر ظلم اور بے رحمی کے اس تسلسل کو "انصاف" کے نام سے تعبیر کرتا ہے۔ اُس "انصاف" کے نام سے، جو دنیا کی سب سے زیادہ مشہور مگر سب سے زیادہ غیر موجود حقیقت ہے!

چوتھی صدی ہجری کا بغداد دُنیا کا سب سے بڑا شہر اور انسانی تمدن کا سب سے بڑا مرکز تھا۔ اس لئے ضروری تھا کہ انسانی آبادی و تمدن کے یہ تمام لازمی نتائج موجود ہوتے ہیں۔ گندگی میں مکھیاں اور دلدل میں مچھر اس تیزی سے پیدا نہیں ہوتے

جس تیزی سے شہروں کی آب و ہوا جرم اور مجرموں کو پیدا کرتی ہے۔ بغداد کے قید خانے مجرموں سے بھرے ہوئے تھے۔ پھر بھی اس کی آبادیوں میں مجرموں کی کوئی کمی نہ تھی!

بغداد میں آج کل جس طرح حضرت شیخ جنید بغدادیؒ کی بزرگی و درویشی کی شہرت ہے، اسی طرح ابن ساباط کی چوری اور عیاری بھی مشہور ہے۔ پہلی شہرت نیکی کی ہے۔ دوسری بدی کی۔ دُنیا میں بدی، نیکی کی ہر چیز کی طرح، اس کی شہرت کا بھی مقابلہ کرنا چاہتی ہے اگرچہ نہیں کرسکتی۔

دس برس سے ابن ساباط مدائن کے محبس میں قید ہے۔ اُس کے خوفناک حملوں سے لوگ محفوظ ہوگئے ہیں۔ تاہم اس کی عیاریوں اور بے باکیوں کے افسانے لوگ بھولے نہیں۔ وہ جب کبھی کسی دلیرانہ چوری کا حال سنتے ہیں تو کہنے لگتے ہیں "یہ دوسرا ابن ساباط ہے" اس دس برس کے اندر کتنے ہی نئے ابن ساباط پیدا ہوگئے مگر پُرانے ابن ساباط کی شہرت کا کوئی مقابلہ نہ کرسکا۔ بغداد والوں کی بول چال میں وہ "جرائم کا شیطان اور برائیوں کا عفریت" تھا!

ابن ساباط کے خاندانی حالات عوام کو بہت کم معلوم ہیں۔ جب وہ پہلی مرتبہ شوق الانجار میں چوری کرتا ہوا گرفتار ہوا تو کوتوالی میں اس کے حالات کی تفتیش کی گئی۔ معلوم ہوا یہ بغداد کا باشندہ نہیں ہے۔ اس کے ماں باپ طوس سے ایک قافلہ کے ساتھ آرہے تھے۔ راہ میں بیمار پڑے اور مرگئے۔ قافلہ والوں کو رحم آیا اور اپنے ساتھ بغداد پہونچا دیا۔ یہ اب سے دو برس پیشتر کی بات ہے۔ یہ دو برس اس نے کہاں اور کیوں کر بسر کئے؟ اس کا حال کچھ معلوم نہ ہوسکا۔ گرفتاری کے وقت اس کی عمر پندرہ سولہ برس کی تھی۔ کوتوالی کے چبوترے پر لِٹا کر تازیانے مارے گئے اور چھوڑ دیا گیا۔

اس پہلی سزا نے اس کی طبیعت پر کچھ عجیب طرح کا اثر ڈالا۔ وہ اب تک ایک ڈرا سہما کم سن لڑکا تھا۔ اب اچانک ایک دلیر اور بے باک مجرم کی رُوح اس کے اندر پیدا ہوگئی۔ گویا اُس کی تمام استعدادیں اپنے ظہور کے لئے تازیانے کی ضرب کی منتظر

مجرمانہ اعمال کے تمام بھید اور بد یوں گناہوں کے تمام مخفی طریقے جو کبھی اس کے وہم و گمان میں بھی نہیں گذرے تھے، اب اس طرح اس پر کھل گئے، گویا ایک تجربہ کار اور مشاق مجرم کا دماغ اس کے سر میں اُتار دیا گیا۔ تھوڑے ہی دنوں کے اندر وہ ایک پکا عیار اور ایک چھٹا ہوا جرائم پیشہ اِنسان تھا!

اب وہ چھوٹی چھوٹی چوریاں نہیں کرتا تھا، پہلی مرتبہ جب اُس نے چوری کی تھی، تو دو دن کی بھوک اُسے نان بائی کی دُکان پر لے گئی تھی۔ لیکن اب وہ بھوک سے بے بس ہو کر نہیں بلکہ جُرم کے ذوق سے وارفتہ ہو کر چوری کرتا تھا۔ اس لئے اُس کی نگاہیں نان بائی کی روٹیوں پر نہیں بلکہ صرافوں کی تھیلیوں اور سوداگروں کے ذخیروں پر پڑتی تھیں۔ دن ہو یا رات، بازار کی منڈی ہو یا امیر کا دیوان خانہ، ہر وقت اور ہر جگہ اس کی کارستانیاں جاری رہتیں۔ اس کے اندر ایک فاتح کا جوش تھا، سپہ سالار کا سا عزم تھا سپاہی کی مردانگی تھی۔ مدبّر کی سی دانشمندی تھی۔ لیکن دُنیا نے اُس کے لئے یہی پسند کیا کہ وہ بغداد کے بازاروں کا چور ہو۔ اس لئے اس کی فطرت کے تمام جوہر اسی راہ میں نمایاں ہونے لگے۔ افسوس، فطرت کس فیاضی سے بخشتی ہے، مگر انسان کس بے دردی سے برباد کرتا ہے!

کچھ دنوں کے بعد جب ابن ساباط کی دراز دستیاں حد سے بڑھ گئیں تو حکومت کو خصوصیت کے ساتھ توجہ ہوئی۔ آخر ایک دن گرفتار کر لیا گیا۔ اب یہ ایک کم سِن لڑکا نہ تھا۔ شہر کا سب سے بڑا چور تھا۔ عدالت نے فیصلہ کیا کہ ایک ہاتھ کاٹ ڈالا جائے۔ فوراً تعمیل ہوئی اور جلاد نے ایک ہی ضرب میں اس کا پہنچا الگ کر دیا۔

ابن ساباط کے ہاتھ کا کٹنا، کٹنا نہ تھا، بلکہ سینکڑوں نئے ہاتھوں کو اُس کے شانے سے جوڑ دینا تھا۔ معلوم ہوتا ہے، دُنیا کے سارے شیطان اور عفریت اس واقعہ کے انتظار میں تھے، جونہی اُس کا ہاتھ کٹا، اُنھوں نے اپنے سینکڑوں ہاتھ اس کے حوالے کر دئے۔ اب اُس نے عراق کے تمام چور اور عیار جمع کر کے اپنا اچھا خاصہ جتھا بنا لیا اور فوجی ساز و سامان کے ساتھ لوٹ مار شروع کر دی۔ تھوڑے ہی عرصہ کے

اندر اس کے دلیرانہ حملوں نے تمام عراق میں تہلکہ مچا دیا۔ وہ قافلوں پر حملے کرتا، دیہاتوں میں ڈاکے ڈالتا، محل سراؤں میں نقب لگاتا، سرکاری خزانے لوٹ لیتا، اور پھر یہ سب کچھ اس ہوشیاری سے اور فرزانگی کے ساتھ کرتا کہ اُس پر یا اسکے ساتھیوں پر کوئی آنچ نہ آتی۔ ہر موقع پر صاف بچکر نکل جاتا۔ لوگ جب اس کے مجرمانہ کارنامے سُنتے تو دہشت و حیرت سے مبہوت رہ جاتے۔ "یہ ڈاکو نہیں ہے جُرم کی ایک خبیث رُوح ہے۔ وہ انسان کو لوٹ لیتی ہے مگر انسان اسے چھو نہیں سکتا!" یہ بغداد والوں کا متفقہ فیصلہ تھا!

مگر ظاہر ہے، یہ حالت کب تک جاری رہ سکتی تھی؟ آخر وہ وقت آگیا کہ ابن ساباط تیسری مرتبہ قانون کے پنجے میں گرفتار ہو جائے۔ ایک موقع پر جب اُس نے اپنے تمام ساتھیوں کو بحفاظت نکال دیا تھا اور خود نکل بھاگنے کی تیاری کر رہا تھا، حکومت کے سپاہی پہونچ گئے اور گرفتار کرلیا۔

اِس مرتبہ وہ ایک رہزن اور ڈاکو کی حیثیت میں گرفتار ہوا تھا اس کی سزا قتل تھی۔ ابن ساباط نے جب دیکھا کہ جلاد کی تلوار سر پر جھک رہی ہے تو اس کے مجرمانہ خصائل نے اچانک ایک دوسرا رنگ اختیار کرلیا۔ وہ تیار ہو گیا کہ اپنے بچاؤ کے لئے اپنے ساتھیوں کی جانیں قربان کر دے۔ اُس نے عدالت سے کہا۔ اگر اُسے قتل کی سزا نہ دی جائے تو وہ اپنے جتھے کے تمام چور گرفتار کرا دے گا۔ عدالت نے منظور کرلیا۔

اس طرح ابن ساباط خود تو قتل سے بچ گیا، لیکن اس کے سَو سے زیادہ ساتھی اس کی نشان دہی پر موت کے گھاٹ اُتار دیئے گئے! اِن سَو چوروں میں ایک بھی ایسا نہ تھا جس نے قتل ہونے سے پہلے ابن ساباط کے نام پر لعنت نہ بھیجی ہو۔ بدعہدی اور بے وفائی ایسی بُرائی ہے جسے بُرے بھی سب سے بڑی بُرائی سمجھتے ہیں۔ ابن ساباط نے اپنے اس طرزِ عمل سے ثابت کر دیا کہ وہ جُرم سے بھی بڑھ کر بُرائی کا کوئی ایک درجہ رکھتا تھا!

بہرحال اب ابن ساباط مدائن کے قید خانہ میں زندگی کے دن پورے کر رہا ہے۔ اُس کی آخری گرفتاری پر دس برس گذر چکے ہیں۔ دس برس کا زمانہ اُس کے لئے کم مدّت نہیں ہے کہ ایک مجرم کی سیاہ کاریاں بھلا دی جائیں، لیکن ابن ساباط جیسے مجرم

کے کارنامے مدتوں تک نہیں بھلائے جاسکتے۔ دس برس گذرنے پر بھی اُس کے دلیرانہ جرائم کا ذکر بچہ بچہ کی زبان پر ہے۔ لوگوں کو یہ بات تو کبھی بھولے سے بھی یاد نہیں آتی کہ ابن سابا ط ہے کہاں اور کس حالت میں؟ کیونکہ یہ معلوم کرنے کی اُنھیں ضرورت بھی نہیں ہے۔ البتہ وہ اُس کے دلیرانہ کارنامے بھولنا نہیں چاہتے، کیونکہ اس تذکرہ میں اُن کے لئے لطف اور دلچسپی ہے۔ انھیں ابن سابا ط کی نہیں اپنی دلچسپیوں کی فکر ہے!

انسان کی بے مہریوں کی طرح اس کی دلچسپیوں کا بھی کیسا عجیب حال ہے؟ وہ عجیب عجیب اور غیر معمولی باتیں دیکھ کر خوش ہوتا ہے، لیکن اس کی پرواہ نہیں کرتا کہ اس کی دلچسپی کا یہ تماشا کیسی کیسی مصیبتوں اور شقاوتوں کی پیدائش کے بعد ظہور میں آسکا ہے؟ اگر ایک چور دلیری کے ساتھ چوری کرتا ہے تو یہ اس کے لئے بڑی ہی دلچسپی کا واقعہ ہے۔ وہ گھنٹوں اس پر رائے زنی کرتا ہے اور وہ تمام اخبار خرید لیتا ہے جن میں اس کی تصویر چھپی ہو یا اس کا تذکرہ کیا گیا ہو۔ لیکن اس واقعہ میں چور کے لئے کیسی شقاوت ہے؟ اس کے سوچنے کی وہ کبھی زحمت گوارا نہیں کرتا!

اگر ایک مکان میں آگ لگ جائے تو انسان کے لئے یہ بڑا ہی دلچسپ نظارہ ہوتا ہے۔ سارا شہر اُمنڈ آتا ہے۔ جس کسی کو دیکھو بے تحاشا دوڑا جاتا ہے لوگ اس نظارہ کے شوق میں اپنا کھانا پینا تک بھول جاتے ہیں۔ اگر چند زندہ انسانوں کے جھلسے ہوئے چہرے آگ کے شعلوں کے اندر نمودار ہو جائیں اور اُن کی چیخیں اتنی بلند ہوں کہ دیکھنے والوں کے کانوں تک پہونچ سکیں، تو پھر اس نظارہ کی دلچسپی انتہائی حد تک پہونچ جاتی ہے، تماشائی جوش نظارہ میں مجنوں ہو کر ایک دوسرے پر گرنے لگتے ہیں۔ لیکن انسانی دلچسپی کے اس جہنمی منظر میں اُس مکان اور اُس کے مکینوں کے لئے کیسی ہلاکت اور تباہی ہے؟ اور جان و مال کی کیسی الم ناک بربادیوں کے بعد آگ اور موت کی یہ ہولناک دلچسپی وجود میں آسکی ہے؟ اس بات کے سوچنے کی نہ تو لوگوں کو فرصت ملتی ہے۔ نہ وہ سوچنا چاہتے ہیں!

اگر انسان کے ابنائے جنس میں سے ایک بدبخت مخلوق سُولی کے تختہ پر لٹکا

دیا جائے، تو یہ اُن تمام نظاروں میں سے جن کے دیکھنے کا اِنسان شائق ہوسکتا ہے، سب سے زیادہ دلکش نظارہ ہوتا ہے۔ اتنا دلکش نظارہ کہ گھنٹوں کھڑے رہ کر لٹکتی ہوئی نعش دیکھتا رہتا ہے مگر اس کی سیری نہیں ہوتی۔ لوگ درختوں پر چڑھ جاتے ہیں، ایک دوسرے پر گرنے لگتے ہیں، صفیں چیر چیر کر نکل جانا چاہتے ہیں کیوں؟ اِس لئے کہ اپنے ایک ہم جنس کو جانکنی میں تڑپتے اور پھر ہَوا میں معلق جھولتے دیکھ لینے کی لذّت حاصل کرلیں! لیکن جس اِنسان کے پھانسی پانے سے انسانی نظارہ کا یہ سب سے زیادہ دِلکش تماشا وجود میں آیا، خود اُس پر کیا گذری؟ اور کیوں وہ اِس منحوس اور شرمناک موت کا مستحق ٹھہرا؟ سیکڑوں ہزاروں تماشائیوں میں سے ایک کا ذہن بھی اِس غیر ضروری اور غیر دلچسپ پہلو کی طرف نہیں جاتا!

## تیسرا حصّہ

گرمیوں کا موسم ہے۔ آدھی رات گذر چکی ہے۔ مہینہ کی آخری راتیں ہیں۔ بغداد کے آسمان پر ستاروں کی مجلسِ شبینہ آراستہ ہے مگر چاند کے برآمد ہونے میں ابھی دیر ہے۔ دجلہ کے پار کرخ کی تمام آبادی نیند کی خاموشی اور رات کی تاریکی میں گم ہے۔

اچانک تاریکی میں ایک متحرک تاریکی نمایاں ہوئی۔ سیاہ لبادے میں ایک لپٹا ہوا آدمی خاموشی اور آہستگی کے ساتھ جارہا ہے۔ وہ ایک گلی سے مڑکر دوسری گلی میں پہونچا، اور ایک مکان کے سائبان کے نیچے کھڑا ہوگیا۔ اب اُس نے سانس لی۔ گویا یہ مدت کی بند سانس تھی جسے اب آزادی سے اُبھرنے کی مہلت ملی ہے۔ پھر اُس نے آسمان کی طرف نظر اُٹھائی "یقیناً تین پہر رات گذر چکی ہے۔" وہ اپنے دل میں کہنے لگا "مگر کیا بدنصیبی ہے کہ جس طرف رُخ کیا، ناکامی ہی ہوئی۔ کیا پوری رات اِسی طرح ختم ہوجائے گی؟"

یہ خوفناک ابن ساباط ہے جو دس برس کی طول طویل زندگی قیدخانہ میں بسر کرکے اب کسی طرح نکل بھاگا ہے، اور نکلنے کے ساتھ ہی اپنا قدیم پیشہ از سرِ نو شروع کررہا ہے۔ یہ اُس کی نئی مجرمانہ زندگی کی پہلی رات ہے، اِس لئے وقت کے بے نتیجہ ضائع جانے پر اُس کا بے صبر دل پیچ و تاب کھا رہا ہے۔

اُس نے ہر طرف کی آہٹ لی ۔ زمین سے کان لگا کر دُور دُور کی صداؤں کا جائزہ لیا، اور مطمئن ہو کر آگے بڑھا۔ کچھ دُور چل کر اُس نے دیکھا ایک احاطہ کی دیوار دُور تک چلی گئی ہے اور وسط میں بہت بڑا پھاٹک ہے۔ کرخ کے اِس علاقہ میں زیادہ تر اُمراء کے باغ تھے، یا سوداگروں کے گودام تھے ۔ اُس نے خیال کیا یہ احاطہ یا تو کسی امیر کا باغ ہے، یا کسی سوداگر کا گودام ۔ وہ پھاٹک کے پاس پہونچ کر رُک گیا اور سوچنے لگا، اندر کیونکر جائے؟ اُس نے آہستگی سے دروازہ پر ہاتھ رکھا، لیکن اُسے نہایت تعجب ہوا کہ دروازہ اندر سے بند نہیں تھا صرف ٹھہرا ہوا تھا۔ ایک سکنڈ کے اندر ابن ساباط کے قدم احاطہ کے اندر پہونچ گئے۔

اُس نے دہلیز سے قدم آگے بڑھایا تو ایک وسیع احاطہ نظر آیا۔ اِس کے مختلف گوشوں میں چھوٹے چھوٹے حجرے بنے تھے، اور وسط میں ایک نسبتاً بڑی عمارت تھی۔ یہ درمیانی عمارت کی طرف بڑھا۔ عجیب بات ہے کہ اس کا دروازہ بھی اندر سے بند نہ تھا۔ چھونے ہی کھُل گیا۔ گویا وہ کسی کی آمد کا منتظر تھا۔ یہ ایک ایسی بے باکی کے ساتھ جو صرف مشّاق مجرموں ہی کے قدموں میں ہو سکتی ہے، اندر چلا گیا۔ اندر جا کر دیکھا تو ایک وسیع ایوان (ہال) تھا۔ لیکن سامانِ راحت و زینت میں سے کوئی چیز بھی نہ تھی۔ قیمتی اشیاء کا نام و نشان نہ تھا۔ صرف ایک کھجور کے پتوں کی پرانی چٹائی بچھی تھی، اور ایک طرف چمڑے کا ایک تکیہ پڑا تھا۔ البتہ ایک گوشہ میں پشمینہ کے موٹے کپڑے کے بہت سے تھان اس طرح بے ترتیب پڑے تھے۔ گویا کسی نے جلدی میں پھینک دئے ہیں اور اُن کے قریب ہی بھیڑ کی کھال کی چند ٹوپیاں بھی پڑی تھیں۔ اُس نے مکان کی موجودات کا یہ پورا جائزہ کچھ تو اپنی اندھیری میں دیکھ لینے والی آنکھوں سے لے لیا تھا اور کچھ اپنے ہاتھ سے ٹٹول ٹٹول کر ۔ لیکن اس کا ہاتھ ایک ہی تھا ۔ یہ بغداد والوں کی بول چال میں "ایک ہاتھ کا شیطان" تھا جو اب پھر قید و بند کی زنجیریں توڑ کر آزاد ہو گیا ہے!

دسؔ برس کی قید کے بعد آج ابن ساباط کو پہلی مرتبہ موقع ملا تھا کہ اپنے دل پسند کام کی جستجو میں آزادی کے ساتھ نکلے۔ جب اُس نے دیکھا، اِس مکان میں کامیابی

کے آثار نظر نہیں آتے، اور یہ پہلا قدم بیکار ثابت ہوگا، تو اُس کے تیز اور بے لگام جذبات سخت مشتعل ہو گئے۔ وہ دل ہی دل میں اِس مکان کے رہنے والوں کو گالیاں دینے لگا۔ جو اپنے مکان میں رکھنے کے لئے قیمتی اشیاء فراہم نہ کرسکے۔ ایک مُفلس کا افلاس خود اُس کے لئے اِس قدر دردانگیز نہیں ہوتا جس قدر اُس چور کے لئے جو رات کے پچھلے پہر مال و دولت تلاش کرتا ہوا آپہونچتا ہے۔ اس میں شک نہیں، پشمینہ کے بہت سے تھان یہاں موجود تھے اور وہ کتنے ہی موٹے اور ادنیٰ قسم کے کیوں نہ ہوں مگر پھر بھی اپنی قیمت رکھتے تھے، لیکن مشکل یہ تھی کہ ابن ساباط تنہا تھا۔ اور صرف تنہا ہی نہیں تھا بلکہ دونوں ہاتھوں کی جگہ صرف ایک ہاتھ رکھتا تھا۔ وہ ہزار ہمت کرتا، مگر اتنا بڑا بوجھ اس کے سنبھالے سنبھل نہیں سکتا تھا۔ وہ تھانوں کی موجودگی پر معترض نہ تھا۔ اُن کے وزن کی گرانی اور اپنی مجبوری پر متاسف تھا۔ اتنی وزنی چیز چرا کرلے جانا آسان نہ تھا!

"ایک ہزار لعنت کرخ اور اُسکے تمام باشندوں پر" وہ اندر ہی اندر بڑبڑانے لگا "نہیں معلوم یہ کون احمق ہے جس نے یہ ملعون تھان جمع کر رکھے ہیں؟ غالباً کوئی تاجر ہے۔ لیکن یہ عجیب طرح کا تاجر ہے جسے بغداد میں تجارت کرنے کے لئے اور کوئی چیز نہیں ملی۔ اتنا بڑا مکان بنا کر اس میں گدھوں اور خچروں کی جھول بنانے کا سامان جمع کر دیا" اُس نے اپنے ایک ہی ہاتھ سے ایک تھان کی ٹٹول ٹٹول کر پیمائش کی "بھلا یہ ملعون بوجھ کس طرح اُٹھایا جاسکتا ہے؟ ایک تھان کے اُٹھانے کے لئے گِن کر دس گدھے ساتھ لانے چاہئیں"

لیکن بہرحال کچھ نہ کچھ کرنا ضروری تھا۔ رات جارہی تھی، اور اب وقت نہ تھا کہ دوسری جگہ تاکی جاتی۔ اُس نے جلدی سے ایک تھان کھولا اور اُسے فرش پر بچھا دیا۔ پھر کوشش کی زیادہ سے زیادہ تھان جو اٹھائے جاسکتے ہیں اُٹھالے۔ مشکل یہ تھی کہ مال کم قیمت پر بہت زیادہ وزنی تھا۔ کم لیتا ہے تو بیکار ہے۔ زیادہ لیتا ہے تو لے جا نہیں سکتا۔ عجب طرح کی کشمکش میں گرفتار تھا، بہرحال کسی نہ کسی طرح یہ مرحلہ طے ہوا، لیکن اب دوسری مشکل پیش آئی۔ صوف کا کپڑا بے حد موٹا تھا۔ اُسے مڑور دے کر گرہ لگانا آسان نہ تھا۔

دونوں ہاتھوں سے بھی یہ کام مشکل تھا چہ جائے کہ ایک ہاتھ سے ؟ بلاشبہ اس کے پاس ہاتھ کی طرح پاؤں ایک نہ تھا۔ دو تھے لیکن وہ بھاگنے میں مدد دے سکتے تھے صوف کی گٹھری باندھنے کے لئے سُود مند نہ تھے ۔ اُس نے بہت سی تجویزیں سوچیں، طرح طرح کے تجربے کئے دانتوں سے کام لیا۔ کٹی ہوئی کہنی سے سِرا دبایا لیکن کسی طرح بھی گٹھری میں گرہ نہ لگ سکی، وقت کی مصیبتوں میں تاریکی کی شِدّت نے اور زیادہ اضافہ کردیا تھا۔

اندرونی جذبات کے ہیجان اور بیرونی فعل کی بے سود محنت نے ابن ساباط کو بہت جلد تھکا دیا۔ وقت کی کمی، عمل کا قدرتی خوف، مال کی گرانی، محنت کی شِدّت، اور فائدہ کی قلّت، اُسکے دماغ کے لئے تمام مخالف تاثرات جمع ہو گئے تھے۔

اچانک وہ چونک اُٹھا۔ اس کی تیز قوّت سماعت نے کسی کے قدموں کی نرم آہٹ محسوس کی۔ ایک لمحہ تک خاموشی رہی، پھر ایسا محسوس ہوا، جیسے کوئی آدمی دروازہ کے پاس کھڑا ہے۔ ابن ساباط گھبرا کر اُٹھ کھڑا ہوا، مگر قبل اِس کے کہ وہ کوئی حرکت کرسکے، دروازہ کھلا اور روشنی نمایاں ہوئی۔ خوف اور دہشت سے اُس کا خون منجمد ہو گیا۔ جہاں کھڑا تھا، وہیں قدم گڑ گئے۔ نظر اُٹھا کر دیکھا تو سامنے ایک شخص کھڑا ہے۔ اس کے ایک ہاتھ میں شمعدان ہے، اور اُسے اِس طرح اونچا کر رکھا ہے کہ کمرے کے تمام حِصّے روشن ہو گئے ہیں۔

اس شخص کی وضع قطع سے اس کی شخصیت کا اندازہ کرنا مُشکل تھا۔ ملگجے رنگ کی ایک لمبی عبا اُس کے جسم پر تھی جسے کمر کے پاس ایک موٹی رسّی لپیٹ کر جسم پر چست کرلیا تھا۔ سر پر سیاہ قَلَنسُوَہ (اونچی دیوار کی ٹوپی) تھی، اور اس قدر کشادہ تھی کہ اُس کے کنارے ابروؤں کے قریب تک پہونچ گئے تھے۔ جسم نہایت نحیف تھا۔ اِتنا نحیف کہ صوف کی موٹی عبا پہننے پر بھی اندر کی اُبھری ہوئی ہڈیاں صاف دکھائی دے رہی تھیں، اور قد کی درازی نے جس میں کمر کے پاس خفیف سی خمیدگی پیدا ہو گئی تھی، نحافت اور زیادہ نمایاں کردی تھی۔ لیکن یہ عجیب بات تھی کہ جسم کی اِس غیر معمولی نحافت کا کوئی اثر اُس کے چہرہ پر نظر نہیں آتا تھا۔ اِتنا کمزور جسم رکھنے پر بھی اُس کا چہرہ کچھ عجیب طرح کی تاثیر و گیرائی رکھتا تھا۔ ایسا معلوم ہوتا تھا جیسے ہڈیوں کے ایک ڈھانچے پر ایک شاندار اور دلاویز چہرہ

جوڑ دیا گیا ہے۔ رنگت زرد تھی، رخسار بے گوشت تھے، جسمانی تنومندی کا نام ونشان نہیں تھا۔ لیکن پھر بھی چہرہ کی مجموعی ہیئت میں کوئی ایسی شاندار چیز تھی کہ دیکھنے والا محسوس کرتا تھا، ایک نہایت لطافت ور چہرہ اُس کے سامنے ہے۔ خصوصًا اس کی نگاہیں ایسی روشن، ایسی مطمئن، ایسی ساکن تھیں، کہ معلوم ہوتا تھا، دنیا کی ساری راحت اور سکون انہی دو حلقوں کے اندر سما گئی ہے!

چند لمحوں تک یہ شخص شمع اُونچی کئے ابن ساباط کو دیکھتا رہا پھر اس طرح آگے بڑھا، گویا اُسے جو کچھ سمجھنا تھا، سمجھ چکا ہے۔ اُس کے چہرہ پر ہلکا سا زیرلب تبسّم تھا۔ ایسا دلآویز اور شیریں تبسّم، جس کی موجودگی انسانی رُوح کے سارے اضطراب اور خوف دُور کر دے سکتی ہے۔ اُسنے شمعدان ایک طرف رکھ دیا، اور ایک ایسی آواز میں جو شفقت وہمدردی میں ڈوبی ہوئی تھی، ابن ساباط سے کہا:

"میرے دوست! تم پر خدا کی سلامتی ہو۔ جو کام تم کرنا چاہتے ہو، یہ بغیر روشنی اور ایک رفیق کے انجام نہیں پاسکتا۔ دیکھو، یہ شمع روشن ہے اور میں تمہاری رفاقت کے لئے موجود ہوں۔ روشنی میں ہم دونوں اطمینان اور سہولت کے ساتھ یہ کام انجام دے لیں گے"۔

وہ ایک لمحہ کے لئے رُکا۔ جیسے کچھ سوچنے لگا ہے پھر اُس نے کہا:

"مگر میں دیکھتا ہوں تم بہت تھک گئے ہو۔ تمہاری پیشانی پسینہ سے ترہو رہی ہے۔ یہ گرم موسم، بند کمرہ، تاریکی اور تاریکی میں ایسی سخت محنت، افسوس، انسان کو اپنے رزق کے لئے کیسی کیسی زحمتیں برداشت کرنی پڑتی ہیں! دیکھو، یہ چٹائی بچھی ہے۔ یہ چمڑے کا تکیہ ہے میں اسے دیوار کے ساتھ لگا دیتا ہوں" اُس نے تکیہ دیوار کے ساتھ لگا کر رکھ دیا "بس ٹھیک ہے، اب تم اطمینان کے ساتھ ٹیک لگا کر یہاں بیٹھ جاؤ اور اچھی طرح سستالو۔ اتنی دیر میں میں تمہارا ادھورا کام پورا کئے دیتا ہوں"

اُس نے یہ کہا، اور ابن ساباط کے کاندھے پر نرمی سے ہاتھ رکھ کر اُسے بیٹھ جانے کا اشارہ کیا۔ پھر جب اس کی نظر دوبارہ اُس کی عرق آلود پیشانی پر پڑی، تو

اس نے اپنی کمر سے رومال کھولا اور اُس کی پیشانی کا پسینہ پونچھ ڈالا۔ جب وہ پسینہ پونچھ رہا تھا تو اسکی آنکھوں میں باپ کی سی شفقت اور ہاتھوں میں بھائی کی سی محبت کام کر رہی تھی !

صورت حال کے یہ تمام تغیرات اِس تیزی سے ظہور میں آئے کہ ابن ساباط کا دماغ مختل ہو کر رہ گیا۔ وہ کچھ سمجھ نہ سکا کہ معاملہ کیا ہے ؟ ایک مدہوش اور بے ارادہ آدمی کی طرح اُس نے اجنبی کے اشارہ کی تعمیل کی اور چٹائی پر بیٹھ گیا۔

اب اُس نے دیکھا کہ واقعی اجنبی نے کام شروع کر دیا ہے۔ اُس نے پہلے وہ گھڑی کھولی جو ابن ساباط نے باندھنی چاہی تھی مگر نہیں بندھ سکی تھی۔ پھر دو تھان کھول کر پھاڑ دیے اور جس قدر بھی تھان موجود تھے، ان سب کو دو حصّوں میں منقسم کر دیا۔ ایک حصّہ میں زیادہ تھی، ایک میں کم، پھر دونوں کی الگ الگ دو گٹھریاں باندھ لیں۔ یہ تمام کام اُس نے اِس اطمینان اور سکون کے ساتھ کیا، گویا اِس میں اُس کے لیے کوئی انوکھی بات نہ تھی۔

پھر اچانک اُسے کچھ خیال آیا۔ اُس نے اپنی عبا اُتار ڈالی، اور اسے بھی گٹھری کے اندر رکھ دیا۔

اب وہ اُٹھا اور ابن ساباط کے قریب گیا :

"میرے دوست، تمہارے چہرے کی پژمردگی سے معلوم ہوتا ہے کہ تم صرف تھکے ہوئے ہی نہیں ہو بلکہ بھوکے بھی ہو۔ بہتر ہوگا کہ چلنے سے پہلے دودھ کا ایک پیالہ پی لو۔ اگر تم چند لمحے انتظار کر سکو تو میں دودھ لے آؤں"، اُس نے کہا، جبکہ اُس کے پرشکوہ چہرہ پر بدستور مسکراہٹ کی دلاویزی موجود تھی۔ ممکن نہ تھا کہ اِس مسکراہٹ سے انسانی قلب کے تمام اضطراب محو نہ ہو جائیں !۔

قبل اِس کے کہ ابن ساباط جواب دے، وہ تیزی کے ساتھ لوٹا، اور باہر نکل گیا۔

اب ابن ساباط تنہا تھا۔ لیکن تنہا ہونے پر بھی اِس کے قدموں میں حرکت

نہ ہوئی۔ اجنبی کے طرزِ عمل میں کوئی بات ایسی نہ تھی جس سے اُس کے اندر خوف پیدا ہوتا۔ وہ صرف متحیّر اور مبہوت تھا!

اجنبی کی ہستی اور اُس کا طور طریقہ ایسا عجیب وغریب تھا کہ جب تک وہ موجود رہا، ابن سا باط کو تحیّر و تاثر نے سوچنے سمجھنے کی مہلت ہی نہ دی۔ اجنبی کی شخصیّت کی تاثیر سے اس کی دماغی شخصیت مغلوب ہوگئی تھی۔ لیکن اب وہ تنہا ہوا، تو آہستہ آہستہ اُس کا دماغ اپنی اصلی حالت پر واپس آنے لگا۔ یہاں تک کہ تمام دماغی خصائل پوری طرح اُبھر آئے، اور وہ اُسی روشنی میں معاملات کو دیکھنے لگا جس روشنی میں دیکھنے کا ہمیشہ سے عادی تھا۔

وہ اجنبی کا متبسّم چہرہ اور دِل نواز صدائیں یاد کرتا، تو شک اور خوف کی جگہ اُسکے اندر ایک ایسا نا قابلِ فہم جذبہ پیدا ہو جاتا جو آج تک اُسے کبھی محسوس نہیں ہوا تھا، لیکن پھر جب وہ سوچتا کہ اس تمام معاملہ کا مطلب کیا ہے؟ اور یہ شخص ہے کون؟ تو اس کی عقل حیران رہ جاتی اور کوئی بات سمجھ میں نہیں آتی۔ اُس نے اپنے دِل میں کہا "یہ تو قطعی ہے کہ یہ شخص اِس مکان کا مالک نہیں ہے۔ مکان کے مالک کبھی چوروں کا اس طرح استقبال نہیں کیا کرتے ........ مگر پھر یہ شخص ہے کون؟......"

اچانک ایک نیا خیال اُسکے اندر پیدا ہوا۔ وہ ہنسا "استغفراللہ" مَیں بھی کیا احمق ہوں۔ یہ بھی کوئی سوچنے اور حیران ہونے کی بات تھی؟ معاملہ بالکل صاف ہے۔ تعجب ہے مجھے پہلے کیوں خیال نہیں ہوا؟ یقیناً یہ بھی کوئی میرا ہی ہم پیشہ آدمی ہے، اور اسی نواح میں رہتا ہے۔ اتفاقات نے آج ہم دونوں چوروں کو ایک ہی مکان میں جمع کر دیا۔ چونکہ یہ اسی نواح کا آدمی ہے، اس لئے مکان کے تمام حالات سے واقف ہوگا۔ اُسے معلوم ہوگا کہ آج مکان رہنے والوں سے خالی ہے اور بہ اطمینان کام کرنے کا موقع ہے۔ اسی لئے وہ روشنی کا سامان ساتھ لے کر آیا۔ لیکن جب دیکھا کہ مَیں پہلے سے پہونچا ہوا ہوں تو آمادہ ہوگیا کہ میرا ساتھ دے کر ایک حصّہ کا حقدار بن جائے ......"

وہ ابھی سوچ رہا تھا کہ دروازہ کھُلا، اور اجنبی ایک لکڑی کا بڑا پیالہ

ہاتھ میں لئے نمودار ہوگیا۔

"یہ لو، میں تمہارے لئے دودھ لے آیا ہوں۔ اِسے پی لو۔ یہ بھوک اور پیاس دونوں کے لئے مفید ہوگا،" اُس نے کہا، اور پیالہ ابن ساباط کو پکڑا دیا۔ ابن ساباط واقعی بھوکا پیاسا تھا۔ بلا تامل منہ کو لگا لیا اور ایک ہی مرتبہ میں ختم کر دیا۔

اب اسے معاملہ کی فکر ہوئی۔ اتنے دیر کے وقفہ نے اُس کی طبیعت بحال کر دی تھی۔

"دیکھو، اگرچہ میں تم سے پہلے یہاں پہونچ چکا تھا اور ہاتھ لگا چکا تھا، اور اسلئے ہم لوگوں کے قاعدے کے بموجب تمہارا کوئی حق نہیں، لیکن تمہاری ہوشیاری اور مستعدی دیکھ لینے کے بعد مجھے کوئی تامل نہیں کہ تمہیں بھی اس مال میں شریک کرلوں۔ اگر تم پسند کروگے تو میں ہمیشہ کے لئے تم سے معاملہ کرلوں گا۔ لیکن دیکھو، یہ میں کہے دیتا ہوں کہ آج جو کچھ بھی یہاں سے لے جائیں گے، اُس میں تم برابر کا حصّہ نہیں پا سکتے، کیونکہ دراصل آج کا کام میرا ہی کام تھا" اُس نے صاف آواز میں کہا۔ اس کی آواز میں اب تاثر نہیں تھا۔ تحکّم تھا۔

اجنبی مسکرایا۔ اُس نے ابن ساباط پر ایک ایسی نظر ڈالی جو اگرچہ شفقت و مہر سے خالی نہ تھی، لیکن اِس کے علاوہ بھی اُس میں کوئی چیز تھی۔ لیکن ابن ساباط سمجھ نہ سکا۔ اُس نے خیال کیا۔ شاید یہ شخص اِس طریق تقسیم پر قانع نہیں ہے۔ اچانک اس کی آنکھوں میں اسکی خوفناک مجرمانہ درندگی چمک اُٹھی۔ وہ غصّہ سے مضطرب ہوکر کھڑا ہوگیا:

"بے وقوف، چپ کیوں ہے؟ یہ نہ سمجھنا کہ دودھ کا ایک پیالہ پلا کر اور چکنی چپڑی باتیں کرکے تم مجھے احمق بنالوگے۔ تم نہیں جانتے میں کون ہوں۔ مجھے کوئی احمق نہیں بنا سکتا۔ میں ساری دنیا کو احمق بنا چکا ہوں۔ بولو۔ اس پر راضی ہو یا نہیں؟ اگر نہیں ہو تو......"

لیکن ابھی اُس کی بات پوری نہیں ہوئی تھی کہ اجنبی کے لب متحرّک ہوئے۔ اب بھی اُس کے لبوں سے اُس کی مسکراہٹ نہیں ہٹی تھی:

"میرے عزیز دوست! کیوں بلاوجہ اپنی طبیعت آزردہ کرتے ہو؟ آؤ یہ کام جلد نپٹالیں جو ہمارے سامنے ہے۔ دیکھو، میں نے دو گٹھڑیاں باندھ لی ہیں۔ ایک چھوٹی ہے۔ ایک بڑی ہے۔ تمہارا ایک ہاتھ ہے اس لئے تم زیادہ بوجھ نہیں سنبھال سکتے۔ لیکن میں دونوں ہاتھوں سے سنبھال لوں گا۔ چھوٹی گٹھڑی تم اُٹھالو۔ بڑی میں اُٹھالیتا ہوں۔ باقی رہا میرا حصّہ جس کے خیال سے تمہیں اتنی آزردگی ہوئی ہے، تو میں بھی نہیں چاہتا۔ اِس وقت اُس کا فیصلہ کراؤں۔ تم نے کہا ہے کہ تم ہمیشہ کے لئے مجھ سے معاملہ کرسکتے ہو۔ مجھے بھی ایسا ہی معاملہ پسند ہے۔ میں چاہتا ہوں تم ہمیشہ کے لئے مجھ سے معاملہ کرلو"

"ہاں، اگر یہ بات ہے تو پھر سب کچھ ٹھیک ہے۔ تمہیں ابھی معلوم نہیں میں کون ہوں؟ پورے ملک میں تمہیں مجھ سے بہتر کوئی سردار نہیں مِل سکتا" اُس نے بڑی گٹھڑی کے اُٹھانے میں اجنبی کو مدد دیتے ہوئے کہا۔

"یہ گٹھڑی اِس قدر بھاری تھی کہ ابن سابالاط اپنی حیرانی نہ چھپا سکا۔ وہ اگرچہ اپنے نئے رفیق کی زیادہ جرأت افزائی کرنا پسند نہیں کرتا تھا۔ پھر بھی اُس کی زبان سے بے اختیار نکل گیا:

"دوست، تم دیکھنے میں تو بڑے دُبلے پتلے ہو لیکن بوجھ اٹھانے میں بڑے مضبوط نکلے" ساتھ ہی اُس نے اپنے دل میں کہا "یہ جتنا مضبوط ہے، اُتنا عقلمند نہیں ہے ورنہ اپنے حصّے سے دست بردار نہ ہوجاتا۔ اگر آج یہ احمق نہ مِل جاتا تو مجھے سارا مال چھوڑ کر صرف ایک دو تھانوں پر قناعت کرلینی پڑتی"

اب ابن سابالاط نے اپنی گٹھڑی اُٹھائی جو بہت ہی ہلکی تھی، اور دونوں باہر نکلے، اجنبی کی پیٹھ جس میں پہلے سے خم موجود تھا، اب گٹھڑی کے بوجھ سے بالکل ہی جھک گئی تھی۔ رات کی تاریکی میں اتنا بھاری بوجھ اٹھا کر چلنا نہایت دشوار تھا۔ لیکن ابن سابالاط کو قدرتی طور پر جلدی تھی۔ وہ بار بار حاکمانہ انداز سے اصرار کرتا کہ تیز چلو۔ اور چونکہ خود اُس کا بوجھ بہت ہلکا تھا، اِس لئے خود تیز چلنے میں کسی طرح کی دشواری محسوس نہ کرتا تھا۔

اصبی تعمیل حکم کی پوری کوشش کرتا، لیکن اتنا بھاری بوجھ اٹھا کر دوڑنا انسانی طاقت سے باہر تھا۔ اِس لیے پوری کوشش کرنے پر بھی زیادہ تیز نہیں چل سکتا تھا، کئی مرتبہ ٹھوکریں لگیں، بارہا بوجھ گرتے گرتے رہ گیا، ایک مرتبہ اتنی سخت چوٹ کھائی کہ قریب تھا کہ گر جائے۔ پھر بھی اُس نے رُکنے یا سستانے کا نام نہیں لیا۔ گرتا پڑتا اپنے ساتھی کے ساتھ بڑھتا ہی رہا۔

لیکن ابن سابا ط اس پر بھی خوش نہ تھا۔ اُس نے پہلے تو ایک دو مرتبہ تیز چلنے کا حکم دیا۔ پھر بے تأمل گالیوں پر اُتر آیا۔ ہر لمحہ کے بعد ایک سخت گالی دیتا اور کہتا تیز چلو۔ اتنے میں جسر (پل) آیا۔ یہاں چڑھائی تھی۔ جسم کمزور اور تھکا ہوا، بوجھ بیحد بھاری، اصبی سنبھل نہ سکا اور بے اختیار گر پڑا۔ ابھی وہ اُٹھنے کی کوشش کر ہی رہا تھا کہ اوپر سے ایک سخت لات پڑی۔ یہ ابن سابا ط کی لات تھی۔ اُس نے غضب ناک ہو کر کہا: "کمینے کے بیٹے! اگر اتنا بوجھ سنبھال نہیں سکتا تھا تو لاد کر لایا کیوں؟" اصبی ہانپتا ہوا اُٹھا۔ اُس کے چہرہ پر درد شکایت کی جگہ شرمندگی کے آثار پائے جاتے تھے، اُس نے فوراً گٹھری اُٹھا کر پیٹھ پر رکھی اور پھر روانہ ہو گیا۔

اب یہ دونوں شہر کے کنارے ایک ایسے حصّہ میں پہونچ گئے جو بہت ہی کم آباد تھا۔ یہاں ایک ناتمام عمارت کا پُرانا اور شکستہ احاطہ تھا۔ ابن سابا ط اس احاطہ کے ایک جانب پہونچ کر رُک گیا اور اصبی سے کہا یہیں بوجھ اُتار دو۔ پھر خود کود کر اندر گیا اور اصبی نے باہر سے دونوں گٹھریاں اندر پھینک دیں۔ اِس کے بعد اصبی بھی کود کر اندر ہو گیا، اور دونوں عمارت کے اندرونی حصّہ میں پہونچ گئے۔ اِس عمارت کے نیچے ایک پُرانا سرداب (تہ خانہ) تھا جس میں ابن سابا ط نے قید خانے سے نکل کر پناہ لی تھی۔ لیکن اِس وقت وہ سرداب میں نہیں اُترا۔ وہ نہیں چاہتا تھا۔ اصبی پر ابھی اِس درجہ اعتماد کرے کہ اپنا اصلی محفوظ مقام دکھلا دے۔

جس جگہ یہ دونوں کھڑے تھے دراصل ایک ناتمام ایوان تھا یا تو اس پر پوری چھت پڑی ہی نہ تھی، یا پڑی تھی تو امتداد وقت سے شکستہ ہو کر گر پڑی تھی۔ ایک طرف

بہت سے پتھروں کا ڈھیر تھا ابن ساباط انہی پتھروں میں سے ایک پر بیٹھ گیا۔ دونوں گٹھریاں سامنے دھری تھیں۔ ایک گوشہ میں اجنبی کھڑا ہانپ رہا تھا۔ کچھ دیر تک خاموشی رہی۔

یکایک اجنبی بڑھا اور ابن ساباط کے سامنے آکر کھڑا ہو گیا۔ اب رات ختم ہونے پر تھی۔ پچھلی پہر کا چاند درخشندہ تھا۔ کھلی چھت سے اُسکی دھیمی اور ظلمت آلود شعاعیں ایوان کے اندر پہونچ رہی تھیں۔ ابن ساباط دیوار کے سائے میں تھا۔ لیکن اجنبی جو اُس کے سامنے آکر کھڑا ہو گیا تھا، ٹھیک چاند کے مقابل تھا، اِس لئے اُس کا چہرہ صاف دکھائی دے رہا تھا۔ ابن ساباط نے دیکھا کہ تاریکی میں ایک درخشاں چہرہ، ایک نورانی تبسّم ایک پُراسرار انداز نگاہ کی دلاویزی سامنے ہے!

"میرے عزیز دوست اور رفیق!" اجنبی نے اپنی اسی دلنواز اور شیریں آواز میں جو دو گھنٹے پہلے ابن ساباط کو بیخود کرچکی تھی، کہنا شروع کیا "میں نے اپنی خدمت پوری کرلی ہے۔ اب میں تم سے رخصت ہوتا ہوں۔ اِس کام کے کرنے میں مجھ سے جو کمزوری اور سستی ظاہر ہوئی اور اس کی وجہ سے بار بار تمہیں پریشان خاطر ہونا پڑا، اُس کے لئے میں بہت شرمندہ ہوں اور تم سے معافی چاہتا ہوں۔ مجھے امّید ہے تم معاف کردو گے۔ اِس دُنیا میں ہماری کوئی بات بھی خدا کے کاموں سے اس قدر ملتی جلتی نہیں ہیں جس قدر یہ بات کہ ہم ایک دوسرے کو معاف کردیں اور بخش دیں۔ لیکن قبل اس کے کہ میں تم سے الگ ہوں، تمہیں بتلا دینا چاہتا ہوں کہ مَیں وہ نہیں ہوں، جو تم نے خیال کیا ہے۔ میں اُسی مکان میں رہتا ہوں جہاں آج تم سے ملاقات ہوئی تھی، اور تم نے میری رفاقت قبول کرلی تھی، میری عادت ہے کہ رات کو تھوڑی دیر کے لئے اس کمرے میں جایا کرتا ہوں جہاں تم بیٹھے تھے۔ آج آیا تو دیکھا، تم اندھیرے میں بیٹھے ہو اور تکلیف اٹھا رہے ہو۔ تم میرے گھر میں میرے عزیز مہمان تھے۔ افسوس میں آج اس سے زیادہ تمہاری تواضع اور خدمت نہ کرسکا۔ تم نے میرا مکان دیکھ لیا ہے۔ آیندہ جب کبھی تمہیں ضرورت ہو، تم بلا تکلف اپنے رفیق کے پاس چلے آسکتے ہو۔ خدا کی سلامتی اور برکت ہمیشہ تمہارے ساتھ رہے"

یہ کہا اور آہستگی سے اُس کا ہاتھ اپنے ہاتھ میں لے کر مصافحہ کیا، اور

تیزی کے ساتھ نکل کر روانہ ہوگیا۔

اجنبی خود تو روانہ ہوگیا لیکن ابن ساباط کو ایک دوسرے ہی عالم میں پہونچادیا۔ اب وہ مبہوت اور مدہوش تھا۔ اُس کی آنکھیں کھُلی تھیں۔ وہ اُسی طرف تک رہی تھیں جس طرف سے اجنبی روانہ ہوا تھا، لیکن معلوم نہیں اُسے کچھ سُوجھائی دیتا تھا یا نہیں؟

دوپہر ڈھل چکی ہے۔ بغداد کی مسجدوں سے جوق در جوق نمازی نکل رہے ہیں۔ دوپہر کی گرمی نے امیروں کو تہ خانوں میں اور غریبوں کو دیواروں کے سائے میں بٹھادیا تھا۔ اب دونوں نکل رہے ہیں۔ ایک تفریح کے لئے، دوسرا مزدوری کے لئے۔ لیکن ابن ساباط اس وقت تک وہیں بیٹھا ہے جہاں صبح بیٹھا تھا۔ رات والی دونوں گٹھریاں سامنے پڑی ہیں، اور اسکی نظریں اس طرح ان میں گڑی ہوئی ہیں گویا ان کی شکنوں کے اندر اپنے رات والے رفیق کو ڈھونڈھ رہا ہے!

بارہ گھنٹے گذر گئے، لیکن جسم اور زندگی کی کوئی ضرورت بھی اسے محسوس نہیں ہوئی۔ وہ بھوک جس کی خاطر اُس نے اپنا ایک ہاتھ کٹوایا تھا، اب اسے نہیں ستاتی۔ وہ خوف جس کی وجہ سے سورج کی روشنی اس کے لئے دُنیا کی سب سے زیادہ نفرت انگیز چیز ہوگئی تھی، اب اُسے محسوس نہیں ہوتا! اُس کے دماغ کی ساری قوت صرف ایک نقطہ میں سمٹ آئی ہے۔ اور وہ رات والے عجیب وغریب "اجنبی" کی صورت ہے۔ وہ خود تو اُس کی نظروں سے اوجھل ہوگئی، مگر اُسے ایک ایسے عالم کی جھلک دکھادی، جو اَب تک اس کی نگاہوں سے پوشیدہ تھا!

اس کی ساری زندگی گناہ اور سیہ کاری میں بسر ہوئی تھی اُس نے انسانوں کی نسبت جو کچھ دیکھا سُنا تھا، وہ یہی تھا کہ خود غرضی کا پتلہ اور نفس پرستی کی مخلوق ہے۔ وہ نفرت سے منھ پھیر لیتا ہے، بے رحمی سے ٹھکرادیتا ہے، سخت سے سخت سزائیں دیتا ہے، لیکن وہ نہیں جانتا تھا کہ محبت بھی کرتا ہے، اور اُس میں فیاضی، بخشش، اور قربانی کی بھی رُوح ہوسکتی ہے۔ بچپن میں اس نے بھی خُدا کا نام سُنا تھا اور لوگوں کو

خدا پرستی کرتے دیکھا تھا۔ لیکن جب زندگی کی کشاکش کا میدان سامنے کھلا تو اُس کا عالم ہی دوسرا تھا۔ اُس نے قدم اُٹھادیا اور حالات کی رفتار جس طرف لے گئی، بڑھے گیا۔ نہ تو خود اُسے کبھی مہلت ملی کہ خدا پرستی کی طرف متوجہ ہوتا، اور نہ اِنسانوں نے کبھی اِس کی ضرورت محسوس کی کہ اُسے خدا سے آشنا کرتے۔ جوں جوں اُس کی شقاوت بڑھتی گئی، سوسائٹی اپنی سزا دعقوبت کی مقدار بھی بڑھاتی گئی۔ سوسائٹی کے پاس اُس کی شقاوت کے لئے بے رحمی تھی، اس لئے یہ بھی دنیا کی ساری چیزوں میں سے صرف بے رحمی ہی کا خوگر ہوگیا۔

لیکن اب اچانک اُس کے سامنے سے پردہ ہٹ گیا۔ آسمان کے سورج کی طرح محبت کا بھی ایک سورج ہے۔ یہ جب چمکتا ہے تو روح اور دل کی ساری تاریکیاں دُور ہوجاتی ہیں۔ اب یکایک اِس سورج کی پہلی کرن ابن سابآط کے دل کے تاریک گوشوں پر پڑی، اور وہ بہ یک دفعہ تاریکی سے نکل کر روشنی میں آگیا۔

اجنبی کی شخصیت اپنی پہلی ہی نظر میں اُس کے دل تک پہونچ چکی تھی، لیکن وہ جہالت وگمرہی سے اس کا مقابلہ کرتا رہا۔ اور حقیقت کے فہم کے لئے تیار نہیں ہوا۔ لیکن جونہی اجنبی کے آخری الفاظ نے وہ پردہ ہٹادیا جو اُس نے اپنی آنکھوں پر ڈال لیا تھا، حقیقت اپنے پوری شانِ تاثیر کے ساتھ بے نقاب ہوگئی، اور اب اس کی طاقت سے باہر تھا کہ اِس تیر کے زخم سے سینہ بچالے جاتا!

اُس نے اپنی جہالت سے پہلے خیال کیا تھا۔ اجنبی بھی میری ہی طرح کا ایک چور ہے، اور اپنا حصّہ لینے کے لئے میری رفاقت واعانت کر رہا ہے۔ اُس کا ذہن یہ تصور ہی نہیں کرسکتا تھا کہ بغیر غرض اور استفاع کے ایک اِنسان دوسرے کے ساتھ اچھا سلوک کرسکتا ہے۔ لیکن جب اجنبی نے چلتے وقت بتلایا کہ وہ چور نہیں، بلکہ اُسی مکان کا مالک ہے جس مکان کا مال ومتاع غارت کرنے کے لئے وہ گیا تھا، تو اُسے محسوس ہوا، جیسے یکایک ایک بجلی آسمان سے گر پڑی:

"یہ چور نہیں تھا۔ مکان کا مالک تھا، لیکن اُس نے چور کو پکڑنے اور سزا

دلانے کی جگہ اُس کے ساتھ کیا سلوک کیا؟" اِس "کیا سلوک کیا؟" کا جواب اس کی رُوح کے لئے ناسور اور اُسکے دل کے لئے ایک دہکتا ہوا انگارا تھا۔ وہ جس قدر سوچتا، روح کا زخم گہرا ہوتا جاتا، اور دل کی تپش بڑھتی جاتی۔ اس تمام عرصہ میں اجنبی کے ساتھ جو گذرا تھا، اس کا ایک ایک واقعہ، ایک ایک حرف یاد کرتا، اور ہر بات کی یاد کے ساتھ ایک تازہ زخم کی چبھن محسوس کرتا۔ جب ایک مرتبہ حافظہ میں یہ سرگزشت ختم ہو جاتی، تو پھر نئے سرے سے یاد کرنا شروع کر دیتا، اور آخر تک پہونچا کر پھر ابتدا کی طرف لوٹتا۔ "میں اس کے یہاں چوری کرنے کے لئے گیا تھا۔ میں چور تھا۔ میں اُس کا مال ومتاع غارت کرنا چاہتا تھا۔ میں نے اُسے بھی چور سمجھا۔ اُسے گالیاں دیں۔ بے رحمی سے ٹھوکر لگائی...... مگر اس نے میرے ساتھ کیا سلوک کیا؟" ہر مرتبہ اِس آخری سوال کا جواب سوچتا اور پھر یہی سوال دُہرانے لگتا۔

سورج ڈوب رہا تھا۔ بغداد کی مسجدوں کے مناروں پر مغرب کی اذان کی صدائیں بلند ہو رہی تھیں۔ ابن ساباطؔ بھی اپنے غیر آباد گوشہ میں اُٹھا۔ چادر جسم پر ڈالی اور بغیر کسی جھجک کے باہر نکل گیا۔ اب اُس کے دل میں خوف نہیں تھا۔ کیونکہ خوف کی جگہ ایک دوسرے ہی جذبہ نے لے لی تھی!

وہ کرخ کے اسی حصّہ میں پہونچا جہاں رات گیا تھا۔ رات والے مکان کے پاس ہی ایک لکڑہارے کا جھونپڑا تھا۔ یہ اُس کے پاس گیا اور پوچھا:

"یہ جو سامنے بڑا سا احاطہ ہے، اس میں کون تاجر رہتا ہے؟"

"تاجر" بوڑھے لکڑہارے نے تعجب کے ساتھ کہا "معلوم ہوتا ہے تم یہاں کے رہنے والے نہیں ہو۔ یہاں تاجر کہاں سے آیا؟ یہاں تو شیخ جنید بغدادی رہتے ہیں"

ابن ساباطؔ اِس نام کی شہرت سے بے خبر نہ تھا لیکن صورت آشنا نہ تھا۔

ابن ساباطؔ مکان کی طرف چلا۔ رات کی طرح اِس وقت بھی دروازہ کھُلا تھا۔ بے تامل اندر چلا گیا۔ سامنے وہی رات والا ایوان تھا۔ یہ آہستہ آہستہ بڑھا اور

دروازہ کے اندر نگاہ ڈالی۔ وہی رات والی چٹائی بچھی تھی۔ رات والا تکیہ ایک جانب دھرا تھا۔ تکیہ سے سہارا لگائے عجیب "اجنبی" بیٹھا تھا۔ تیس چالیس آدمی سامنے تھے۔ واقعی وہ اجنبی "تاجر" نہیں تھا۔ شیخ جنید بغدادی رح تھے!

اتنے میں عشاء کی اذان ہوئی لوگ اُٹھ کھڑے ہوئے۔ جب سب لوگ جا چکے تو شیخ بھی اُٹھے۔ جونہی انہوں نے دروازہ کے باہر قدم رکھا، ایک شخص بے تابانہ بڑھا اور قدموں پر گر گیا۔ یہ ابن ساباط تھا۔ اُس کے دل میں سمندر کا تلاطم بند تھا۔ آنکھوں میں جو کبھی تر نہیں ہوئی تھیں دجلہ کی سوتیں بھر گئی تھیں۔ دیر تک رُکی رہیں مگر اب نہیں رک سکتی تھیں۔ آنسوؤں کا سیلاب آجائے تو پھر دل کی کون سی کثافت ہے جو باقی رہ سکتی ہے؟

شیخ نے شفقت سے اس کا سر اُٹھایا۔ یہ کھڑا ہو گیا مگر زبان نہ کھل سکی اور اب اس کی ضرورت بھی کیا تھی؟ جب نگاہوں کی زبان کھل جاتی ہے تو منھ کی زبان کی ضرورت باقی نہیں رہتی!

اس واقعہ پر کچھ عرصہ گذر چکا ہے۔ شیخ احمد ابن ساباط کا شمار سید الطائفہ کے حلقۂ ارادت کے اُن فقراء میں ہے جو سب میں پیش پیش ہیں۔ شیخ کہا کرتے ہیں "ابن ساباط نے وہ راہ لمحوں میں طے کر لی جو دوسرے برسوں میں بھی طے نہیں کر سکتے"!

ابن ساباط کو چالیس برس تک دنیا کی دہشت انگیز سزائیں نہ بدل سکیں، مگر محبت اور قربانی کے ایک لمحہ نے چور سے اہل اللہ بنا دیا!

۲۲ر جولائی ۱۹۲۷ء

# حقیقت کہاں ہے ؟

## یونانی علم الاصنام کا ایک افسانۂ حکمت

قدیم یونان کے مرکز ایتھنس، فلسفہ کے گہوارے اور حکمت کے سرچشمے پر، رات کی خاموشی چھا گئی تھی۔

رات نے اپنی سیاہ قناتیں تان دیں۔ محوِ خواب شہر کی لمبی سانسوں کے سوا کوئی آواز سنائی نہیں دیتی۔ اتنے میں چاند نکل آیا۔ روپہلی چاندنی کوہ و دشت پر پھیل گئی۔ مندروں کی سنہری برجیاں چمک اُٹھیں۔ زیتون اور خرمے کے درخت بے ساختہ کھلکھلا اُٹھے !

شہروں کی ملکہ ایتھنس سورہی ہے۔ دروازوں پر چوکیدار اونگھ رہے ہیں۔ لیکن، صرف ایک نوجوان بے جواب تک جاگ رہا ہے۔

دیوکلس حسن، ذہانت، دولت کے خزانوں کا مالک ہے۔ اکاڈمی میں حکمت کا طالب علم ہے۔ اپنا پورا دن اور رات کے بھی گھنٹے، علم وحکمت کے پہلو میں گزارتا ہے۔ صحبت و معاشرت سے بیزار ہے۔ ایک پورے حکیم کی طرح پورا خلوت پسند ہے تفکرات کے سمندر میں شب و روز غواصی، بس یہی اس کا مشغلہ ہے۔

ایتھنس، یعنی حکمت کی دیوی کا مرمری خوبصورت بت اکاڈمی کے صحن میں نصب تھا۔ دیوکلس سب طالب علموں سے زیادہ، حکمت کے اس خاموش

مجسمہ کے پاس جاتا اور ہمیشہ اس کے تصور میں غرق رہتا۔ اس کے دل کی مناجاتوں کا قبلہ یہی تھا۔ اس کے دماغ کے استغراق کا مرکز اسی میں تھا۔ وہ اس کی دلفریب صورت پر غور کرتا، وہ اس کے جمال معنی و حقیقت کی جستجو میں محو ہو جاتا۔ وہ اس سے حکمت کی وحی اور عام پیام ربانی طلب کرتا وہ حکمت کی جستجو میں حکمت کے مجسمہ کا عاشق تھا۔!

آج رات دیوکلس پھر دیوی کے سامنے دست بستہ کھڑا ہے۔

رات ڈھل گئی، مگر وہ بے حس و حرکت کھڑا ہے۔ اچانک اس نے سر اٹھایا اور بت کے قدموں پر گر پڑا۔ بوسوں پر بوسے لینے، آنسوؤں سے اس کے پاؤں دھونے لگا۔

"اے علم و حکمت کے مظہر محبوب! رحم، رحم، مجھے ایک نظر دیکھ لے! ایک مرتبہ میری التجائیں سن لے!"

وہ دیر تک آنکھوں کے آنسوؤں اور زبان کی دعاؤں سے مناجات کرتا رہا۔ پھر اس نے نظر اٹھائی۔ چاند نے اپنی شعاعیں جمع کر کے دیوی کے چہرے کی رعنائی بے حساب کر دی تھی۔!

ہوا چلتے چلتے رک گئی۔ پتوں کا شور تھم گیا۔ پہلے سے زیادہ سکون طاری ہو گیا۔ نوجوان کا دل تنگ ہوا۔ اس نے لمبی آہ بھری اور آہ کے ساتھ ہی آنسوؤں کی لڑیاں انشاروں پر بکھر گئیں۔ "مقدس دیوی"! دیوکلس نے جوش سے چلا کر کہا۔ تیرے ہی قدموں پر میرا سر دھرا ہے۔ تیری ہی عبادت پر میری روح جھکی ہے۔ تو نے میرے دل کو حکمت عشق سے معمور کر دیا۔ تو نے کمال کا لازوال شوق پیدا کر دیا۔ تو نے حقیقت کی جستجو کی آگ سلگا دی۔ یہ آگ اب جلائے ڈالتی ہے یا تو ہمیشہ کے لئے اسے ٹھنڈا کر دے یا حقیقت کا جمال پنہاں ایک مرتبہ دکھا دے، ہاں حقیقت، مقدس، عظیم حقیقت، اس مہیب کائنات کی حقیقت، اس ہولناک ازلیت و ابدیت کی حقیقت، ہر وجود کی روح، مجرد حقیقت، عریاں حقیقت، وہ

حقیقت، جس کی جستجو میں تمام فلاسفر سرگرداں رہے، اور حکیموں کو بستر خواب پر کبھی نیند نہ آئی۔ حکمت کی پاک دیوی! حقیقت کا چہرہ میری آنکھوں کے سامنے بے نقاب کردے۔ میں اسے جاننا اور دیکھنا چاہتا ہوں۔ میں اسے سارے پردوں اور نقابوں کے اندر سے دیکھنا چاہتا ہوں۔ میں اس کی پرشتش پر دل بد چکا ہوں۔ میں اس کی راہ میں اپنی زندگی اور زندگی کی تمام مسرتیں، اپنی دولت، عزت، حسن، شباب، محبت سب کچھ قربان کر دوں گا۔

دیوکلس نے یہ کہا اور گردن اٹھا کر دیوی کا منہ دیکھا۔ وہ بدستور خاموش اور بے حس وحرکت تھی۔ نوجوان نے اپنی پیشانی پھر اس کے مرمری قدموں پر رکھ دی اور گڑگڑانے لگا۔ اس کی روح، اس کی آنکھیں، اس کی زبان تینوں دیوی کے قدموں پر تھے۔ روح آتشِ شوق سے جل رہی تھی۔ آنکھیں جوشش عشق میں بہہ رہی تھیں۔ زبان ولولۂ مناجات سے وارفتہ تھی!

اچانک درختوں کے پتے ہلے، ڈالیوں میں جنبش ہوئی، نسیم کے جھونکے چلے۔ ہوا میں ایک آواز گونجی: "دیوکلس!" "دیوکلس!"

نوجوان چونک اٹھا، اِدھر اُدھر گھبراہٹ سے دیکھنے لگا۔ سمجھا، اس کے ہم مدرسہ پکار رہے ہیں، مگر وہاں کوئی انسان بھی نظر نہ آیا۔

"دیوکلس!" "دیوکلس!" نوجوان تمنائی نگاہ اٹھا کر بت کو دیکھا۔ کیا دیکھتا ہے کہ سچ مچ کو اس کے ہونٹ ہل رہے ہیں! ...... اچانک سنگ مرمر کے ہاتھ میں جنبش ہوئی ..... دیوی نے اپنا ہاتھ دیوکلس کے کندھے پر رکھ دیا ..... بجلی کی ایک طاقتور لہر اس کے بدن میں دوڑ گئی۔ بید کی طرح تھرتھرانے لگا۔ خوف کی شدت سے اس کے حواس معطل ہو گئے ....

لیکن آواز اب تک آرہی تھی "دیوکلس!" "دیوکلس!"

"دیوکلس! تو نے مجھے پکارا، لے میں آگئی۔ تیری مناجات میں نے سُن لی۔ بول کیا مانگتا ہے؟

دہشت سے نوجوان کی سانس رک گئی۔ بے اختیار زمین

پر گر پڑا۔ قریب تھا، بے ہوش ہو جائے۔ جب کچھ عرصہ کے بعد اسکے ہوش و حواس واپس آنے لگے، تو اس نے خوف زدہ نظروں سے دیوی کو دیکھا! "ہاں مقدس دیوی! اس نے کانپتی ہوئی آواز سے کہا" میں ہی تیرے حضور زار نالے کر رہا تھا۔ مجھے "حقیقت" کی جستجو ہے۔ میں "حقیقت کو دیکھنا چاہتا ہوں۔ میں اسے بے نقاب دیکھنا چاہتا ہوں۔۔۔"

" تو حقیقت کی کھوج میں ہے!" دیوی نے اپنی پُر رعب آواز میں کہا " حقیقت خود ہی" وجود" ہے۔ حقیقت کہاں نہیں ہے؟ لیکن ہاں، بے پردہ، بے نقاب حقیقت، کبھی کوئی کا ئناتی نگاہ نہ دیکھ سکی۔ کسی نے اسکے دیکھنے کی جرأت بھی نہیں کی۔ بے نقاب حقیقت انسان کی حد نگاہ سے باہر ہے۔ تاہم اگر تیری یہی ضد ہے تو سمجھ لے، تجھے بڑی قیمت ادا کرنی پڑے گی۔ ایسی بڑی جس کی شاید تجھے قدرت نہیں۔ تجھے دولت، عظمت، حسن ۔ سب سے دست بردار ہو جانا پڑے گا۔ تجھے زندگی کا بھی آرزو مند نہ ہونا چاہیئے۔ دیوتاؤں نے "حقیقت" سے بڑھ کر کوئی دولت کائنات کی اولاد کو نہیں دی ہے۔"

" میں ان سب سے ہمیشہ کے لئے بخوشی دست بردار ہوتا ہوں۔" دیوکلس نے خوش ہو کر کہا۔ "میں سورج بھی چھوڑنے پر طیار ہوں"

دیوی نے اپنا سر جھکا لیا۔ ہر طرف خاموشی پھیل گئی۔ درخت" زفس" کی اس باعظمت لڑکی کی تعظیم میں جھک گئے!"

دیوی نے پھر سر اٹھایا

" بہتر" اس نے آدمیوں کیطرح لفظوں میں کہا۔ " تجھے حقیقت دکھادی جائے گی لیکن ایک ہی مرتبہ میں تو اسے نہیں دیکھ سکتا۔ میں ہر سال ایک دفعہ تجھے وہاں لے جایا کروں گی تو اس کے چھپانے والے پردوں میں سے، ہر مرتبہ ایک پردہ چاک کر سکے گا۔۔۔۔ تو زندگی کے لباس میں رہے گا، یہاں تک کہ حقیقت عریاں اپنی آنکھوں سے دیکھ لے۔"

نوجوان کا چہرہ مسرت امید سے دمکنے لگا۔ وہ خاموش رہا کہ دیکھے اب دیوی کیا کرتی ہے۔ اچانک وہ حیرت سے دم بخود ہوگیا۔ دیوی نے اپنی سنگ مرمر کی چادر اتار دی۔ دیوکلس کی آنکھیں دختر زفس کے حسن وجلال سے چکاچوند ہوگئیں چشم زدن میں بت نور کا پتلہ بن گیا.... اب اس میں حرکت ہوئی... اس نے نوجوان کو گود میں اٹھالیا۔ لامتناہی فضا میں پرواز شروع کردی۔ ایک نامعلوم خطہ میں جا پہنچی۔ دیوکلس نے دیکھا، ایک سر بفلک پہاڑ پر وہ کھڑا ہے۔

یہاں پہاڑ پر نوجوان نے کالی بدلیوں کے اندر ایک پرچھائیں سی دیکھی۔ جوش شناخت میں اس کی روح اس کے حلقہ چشم میں سمٹ آئی مگر وہ اس کے خال وخط نہ دیکھ سکا۔

"یہی حقیقت ہے" دیوی نے اپنی انگلی سے اشارہ کرکے کہا "یہی اپنی دھندلی شعاعیں زمین پر ڈالتی ہے اور فلسفی اور حکیم ان میں نور حق کا سایہ ڈھونڈتے ہیں۔ اگر یہ شعاعیں نہ ہوتیں تو دنیا تاریک رات کی طرح اندھیری ہو جاتی۔ انسان کی نگاہ حقیقت کو انہی شعاعوں میں دیکھ سکتی ہے۔ تم دیکھ رہے ہو، وہ کس قدر ہلکی، کیسی دھندلی شعاعیں ہیں؟ حقیقت بے حد روشن ہے اتنی روشن کہ سورج کی روشنی سے بھی تم اس کا قیاس نہیں کرسکتے۔ مگر وہ ان پردوں کے اندر چھپی ہوئی ہے۔ صرف اس کا سایہ ہی نظر آسکتا ہے۔ آگے بڑھو اور اس کا پردہ چاک کر ڈالو"

دیوکلس نے دیوی کے حکم کی تعمیل کی۔

ہاتھ لگتے ہی پردہ سفید پرند بن گیا۔ تھوڑی دیر نوجوان کے سر پر منڈلایا۔ پھر سیدھا آسمان کی طرف اڑ گیا۔

دیوکلس نے اب دیکھا۔ حقیقت کی شعاعیں پہلے سے زیادہ صاف اور روشن ہیں!

دیوی اسے پھر زمین پر اتار لائی۔ وہ اپنی اکاڈمی میں گیا اور

دیوی اپنا مرمریں جامہ پہن کر پھر بت بن گئی۔

دیوکلس نے دیوی سے اپنا وعدہ پورا کیا۔ آرام و راحت سے منہ موڑ لیا، خلوت میں بیٹھا، اور غور و فکر میں یکقلم مستغرق ہو گیا۔

اب وہ انسان کے کسی مجمع میں نظر نہیں آتا تھا۔ ایتھنس کے تمام میلے اس سے خالی ہو گئے تھے۔ دوسرے سال اپنے مقررہ وقت پر، وہ پھر سنگ مرمر کے بت کے سامنے سربسجود تھا۔ دیوی نے حرکت کی اور پہلی مرتبہ کی طرح اسے غیر معلوم پہاڑ پر اڑا لے گئی۔ اب اس نے حقیقت کا دوسرا پردہ چاک کر دیا۔ اس مرتبہ روشنی اور بھی زیادہ تیز ہو گئی۔ پھر وہ زمین پر واپس آ گیا۔ اس کی زہد و خلوت پسندی اب اور زیادہ گہری ہو گئی تھی۔

اس کے رفیق اس تبدیلی پر متعجب تھے۔ انھوں نے اسے بہت پھسلایا، مگر وہ اپنے گوشۂ انزوا سے باہر نہ نکلا۔

ایتھنس کی بعض حسین دوشیزہ لڑکیوں سے اس کی ملاقات تھی۔ ایک فتنہ گر حسن اس سے محبت بھی کرتی تھی۔ اس کی یہ حالت دیکھ کر ایک دن اس کے پاس گئی:

"دیوکلس! کیا بات ہے؟" دوشیزہ نے مسکرا کر کہا۔ "تم مجھ سے بیزار کیوں ہو گئے؟ یہ دیکھو میری آنکھیں ستاروں کی طرح چمکتی ہیں۔ میرے بال شعاعوں سے بھی زیادہ چمکیلے ہیں، میرا جسم کیسا دل فریب ہے۔ میں نے تمہارے سوالِ محبت کا جواب دیا تھا مگر اب میں خود تم سے جواب محبت کی سائل ہوں۔ مجھے دیکھو، میری محبت کی تحقیر نہ کرو۔ خود دیوتا بھی محبت سے انکار نہیں کرتے۔"

دیوکلس نے دوشیزہ پر ایک سرد نظر ڈالی اور کہا:

"محبت میرے دل سے اسی طرح اڑ گئی ہے جس طرح دوسرا پردہ اُٹھ گیا تھا۔" اس نے یہ کہا اور ایک طرف کو چل دیا۔

دوشیزہ حیرت سے اسے دیکھتی رہی۔ بھلا یہ رمز وہ کیوں کر سمجھ سکتی تھی؟ اس نے خیال کیا، دیوکلس دیوانہ ہو گیا ہے۔

ایک سال بعد دیوکلس نے تیسرا پردہ چاک کیا۔ اسکی نظر اور بھی زیادہ تیز ہوگئی۔ اسکا نفس ناطقہ زیادہ شائستہ اور بلند مرتبت ہوگیا!

اب فلسفہ کے حلقوں سے بھی وہ الگ ہوگیا۔ اگر کبھی اتفاق سے وہ عوام کے سامنے بولتا تو لوگوں کے کان اسکے لئے وقف ہوجاتے۔ انسانی دلوں کے لئے اس کی آواز میں ایک ایسی تاثیر تھی کہ یونان کے صحن ہائے حکمت میں کسی بڑے سے بڑے حکیم کی آواز کو بھی نہ ملی ہوگی۔ پورے ایتھنس نے جمع ہوکر فیصلہ کردیا کہ دیوکلس، استاد اعظم افلاطون اور دوسرے تمام حکیموں سے بازی لے گیا۔ اس سے منتیں کی گئیں کہ فلسفہ کی امامت قبول کرے مگر اس نے بے پروائی سے انکار کردیا۔

اسی زمانہ میں ایسا ہوا کہ ایتھنس پر دشمنوں نے حملہ کردیا۔ دیوکلس وطن کی مدافعت میں پیش پیش تھا۔ بے نظیر شجاعت سے لڑا۔ آخر زخموں سے چور چور لوٹا۔ ایتھنس کو فتح ہوئی۔ بہادروں کو فورم میں پھولوں کے تاج تقسیم کئے گئے۔ سب سے بڑا تاج دیوکلس کے واسطے طیار ہوا تھا مگر عین وقت پر جب اسے پکارا گیا، تو وہ موجود نہ تھا!

برسوں پر برس گزرتے چلے گئے۔ ہر برس دیوکلس حقیقت کا ایک پردہ چاک کرآتا تھا۔ ابھی وہ جوان تھا مگر اسکا سر سفید ہوگیا، کمر جھک گئی۔ آنکھیں دھنس گئیں۔ قوی کمزور پڑ گئے۔ اس پر بھی وہ خوش تھا، کیونکہ وہ عنقریب "حقیقت" کا مشاہدہ کرنے والا تھا، اس حقیقت کا بے پردہ، بے نقاب مشاہدہ، جسے کبھی کسی بشر نے نہیں دیکھا۔!

آخر فیصلہ کی رات آگئی۔ آج "حقیقت" پر سے آخری پردہ بھی اٹھ جائے گا۔ آج بے نقاب حقیقت اس کے سامنے ہوگی۔

دیوی، دیوکلس کو حسب عادت اڑا لے گئی اور حسب معمول حقیقت کے سایہ کے سامنے کھڑا کردیا: "دیکھ، حقیقت کس قدر تاباں ہے! پچھلے برسوں میں جتنے پردے تونے چاک کئے، وہ اسکے چہرے کے پردے نہ تھے۔ تیری ہی

غفلت کے پردے تھے جو تو نے اپنی آنکھوں پر ڈال لیے تھے ، تو نے ایک ایک کر کے تمام غفلتیں دور کر دیں ۔ آج آخری پردے کی باری ہے ، اس کے بعد تو رودر رو حقیقت کا جلوہ دیکھ لے گا ۔ اگر تو اپنے کیے پر پشیمان ہے ، یا تیرے دل میں ذرا بھی خوف موجود ہے ، تو اب بھی وقت ہے ۔ لوٹ جا ، اور باقی زندگی چین سے گزار ۔"

دیوکلس جوشِ طلب سے دیوانہ ہو کر چلایا :

" اسی منزل کی طلب میں تو میں نے ساری عمر گزار دی ۔ اب میں "حقیقت" سے کس طرح منہ موڑ سکتا ہوں ؟ میں آخری پردہ بھی چاک کر دوں گا ۔ میں حقیقت کو ضرور بے نقاب دیکھوں گا ۔"

اس نے یہ کہا اور آگے بڑھا ، اس کا دل دھڑکنے لگا ۔ ہاتھ کانپنے لگا وہ اپنی بزدلی پر شرمندہ ہو رہا تھا مگر عمل کی ہیبت و دہشت سے بے بس تھا ۔ اس نے دانت بھینچے ، آنکھیں بند کیں ، دل کڑا کر کے آگے بڑھا ، ہاتھ بڑھایا اور آخری پردہ بھی کھینچ لیا ۔ . . . . .

اف ہولناکی !

پردہ ہٹتے ہی روشنی غائب ہو گئی ۔ گھٹا ٹوپ اندھیری چھا گئی ... کچھ بھی دکھائی نہیں دیتا تھا ! دیوکلس نے اتنے زور سے چیخ ماری کہ قریب تھا اس کا سینہ شق ہو جائے :

" حقیقت کہاں ہے ؟ حقیقت کہاں ہے ؟ اے دیوی ! حقیقت کہاں ہے ؟ مجھے تو کچھ بھی سوجھائی نہیں دیتا ۔ وہ جو آخری پردے کے پیچھے تھی ، کہاں چلی گئی ؟ ساری دنیا تاریک ہو رہی ہے ...." "تیری آنکھیں پھوٹ گئیں ! حکمت کی دیوی نے وقار سے کہا " اے کائنات کے بیٹے ، تیری آخری غفلت بھی اُڑ گئی ! بے نقاب حقیقت کوئی بھی نہیں دیکھ سکتا ۔ اگر دیکھ سکتا ہے تو اسے پردوں میں بھی لپٹا دیکھ سکتا ہے ۔ کوئی اس پردوں کے اندر سے

دیکھتا ہے۔کوئی اس سے کم میں دیکھتا ہے۔کوئی اس سے بھی زیادہ میں ــــ مگر حقیقت عریاں کا مشاہدہ ناممکن ہے..... تو نے دیکھنا چاہا، تو تو نے دیکھ لیا کہ تو کیا دیکھ سکتا ہے! ......

دیوکلس نے یہ سُنا اور منہ کے بل زمین پر گر پڑا۔اب اس کے جسم میں رُوح موجود نہ تھی...... شاید ”حقیقت کی جستجو میں اس نے دوسری دنیا کی راہ لی تھی......

•••

۱۲ راگست ۱۹۲۷ء

# نپولین پر قاتلانہ حملے

نپولین بوناپارٹ کے اخلاق پر مورخین نے جس تفصیل سے نظر ڈالی ہے شاید جدید دُنیا کے کسی انسان کی شخصیت اِس قدر زیر بحث نہ رہی ہو۔ نپولین نے یورپ کی بڑی بڑی سلطنتیں اُلٹ ڈالی تھیں۔ اخلاق کے قانون میں اس کی فاتحانہ اولوالعزمی، اخلاق کا سب سے بڑا جرم تھی۔ اور اِسی وجہ سے مفتوح ملکوں میں اُس کی جان کے ہزاروں دشمن پیدا ہو گئے تھے لیکن یہ واقعہ ہے کہ اُس کی پوری زندگی میں اس پر قاتلانہ حملے صرف دو ہی ہوئے۔ حملہ آوروں کے جذبات ہمیں سمجھنے چاہئیں۔ اُن پر ظلم ہوا تھا۔ اُن کی آزادی چھینی گئی تھی۔ وہ جوش اور ہیجان قوم پرستی میں سب کچھ کر سکتے تھے لیکن دیکھنا یہ ہے کہ نپولین نے اِن کے ساتھ کیا سلوک کیا؟ کیا ایک مجرم کی وجہ سے سیکڑوں بے گناہ قتل کئے گئے؟ کیا خود مجرموں کو اُس ہولناک طریقہ پر سزا دی گئی جو عام طور پر آج بھی "متمدن" دنیا میں رائج ہے؟ تاریخ اس کا اعتراف کرتی ہے کہ اِس فراخدل، بلندہمت اِنسان نے پوری شرافت سے دونوں قاتلوں کو معاف کر دینا چاہا، اگرچہ اُن میں سے ایک نے معافی قبول نہیں کی اور موت کو ترجیح دی۔ یہ دونوں واقعے بہت دلچسپ اور عبرت انگیز ہیں۔

## بویریا میں حملہ

شاہ بویریا (جرمنی) نے آسٹریا کے مقابلہ میں نپولین سے مدد طلب کی تھی

نپولین ۲۷ جولائی کو وہاں داخل ہوا۔ شاہ بویریا اُس کے پہلو بہ پہلو چل رہا تھا۔

اُس وقت بویریا کے باشندوں میں اپنے ملک کی سیاسی حالت کے متعلق سخت اختلاف رائے تھا۔ ایک گروہ فرانسیسی اثر پسند کرتا تھا دوسرا آسٹریا کو ترجیح دیتا تھا۔ نپولین کے آنے سے ایک دن پہلے اُس شہر کے دو آدمیوں میں تکرار ہو گئی۔ اُن میں سے ایک فرانس کا طرفدار تھا دوسرا آسٹریا کا۔ آخر الذکر کا نام "لوی دولف" تھا۔ اس کی عمر ۲۸ برس کی تھی۔ فرانس اور نپولین سے سخت نفرت کرتا تھا۔ نفرت کی وجہ بالکل معقول تھی۔ اس کا باپ اور بھائی فرانسیسیوں کے ہاتھوں قتل ہو چکے تھے اور ماں کو جاسوسی کے الزام میں اسقدر تکلیف دی گئی تھی کہ وہ جانبر نہ ہو سکی۔ اس سے بھی زیادہ اس کی ناراضی کا سبب یہ تھا کہ جس جنگ میں مدد کے لئے نپولین کو بلایا گیا تھا، اس کی وجہ سے اِس شخص کی شادی ملتوی ہو گئی تھی۔ اُسے اپنی منگیتر سے غایت درجہ محبت تھی۔ وہ کسی طرح بھی شادی میں تاخیر گوارا نہیں کر سکتا تھا۔

غرضکہ اِن اسباب کی وجہ سے شخص مذکور غصّہ سے دیوانہ ہو رہا تھا۔ اُس نے اپنے ساتھی کو فرانس کی طرفداری کی وجہ سے زد و کوب کیا اور قسم کھائی کہ کل نپولین کو ضرور قتل کروائے گا۔ اُس نے کہا "اگر مادرِ وطن کے اس ظالم دشمن کے قتل کی کسی کو جرأت نہیں۔ تو میں یہ مہم انجام دوں گا اور ملک کو اس کے شر بر دشمن سے ہمیشہ کیلئے نجات دلادوں گا!"

چنانچہ وہ اس ارادہ سے فوراً روانہ ہو گیا، اُسے نپولین کی آمد کی تاریخ معلوم نہ تھی۔ ... اب ایک بویرین سپاہی کے گرد بھیڑ لگی تھی۔ یہ ابھی ابھی میدانِ جنگ سے آیا تھا۔ لوگ لڑائی کی خبریں پوچھ رہے تھے وہ بتا رہا تھا کہ فرانسیسی فوجوں نے کس طرح آسٹرین کو پسپا کر دیا ہے۔ لوی دولف نے آگے بڑھ کر سوال کیا:

"نپولین ہمیں کب مشرف کرے گا؟"

سپاہی نے تعجب سے سر اُٹھا کر کہا:

"سپہ سالار کی زبانی میں نے سنا ہے کہ نپولین آج رات یا کل صبح شہر میں داخل ہو گا۔ وہ ابھی میدانِ جنگ کا نقشہ مرتب کرنے میں مصروف ہے۔ معلوم ہوتا ہے تم اس

کے سلام کے لئے بہت بے چین ہو۔ "

"ہاں میں اُسے ایک بالکل انوکھے طریقہ سے سلام کروں گا !" دُولف نے جواب دیا !

پھر یہ شخص اپنے مکان گیا، بندوق لی، اور شارع عام پر ایک خالی مکان میں چھپ کر بیٹھ گیا۔ صبح وہ بڑی بے چینی سے کھڑکی میں بیٹھا نپولین کی آمد کا انتظار کر رہا تھا سورج کی کرنوں کی روشنی میں اُسے دُور سواروں کی صفیں نظر آئیں۔ سب سے آگے ایک درمیان قد کا سوار سر پر ممتاز ٹوپی پہنے آرہا تھا۔ دُولف نے سمجھ لیا کہ نپولین یہی ہے۔ بندوق درست کرکے چھپیال۔ لیکن اُسکے ہاتھ کانپنے لگے۔ قریب تھا کہ بندوق گرجائے۔ مگر اُس نے اپنے تئیں سنبھالا۔ جب نپولین چند گز کے فاصلہ پر آگیا تو فیر کرنا چاہا۔ لیکن عین اُس وقت اچانک پیچھے سے ایک ہاتھ بڑھا اور اِس زور سے آسے کھینچا کہ بے ہوش ہوکر گر پڑا۔

نپولین کو اس واقعہ کی خبر بھی نہ ہوئی۔ وہ اپنی قیام گاہ میں پہونچا اور محکمۂ جاسوسی کے اعلیٰ افسر کو بلا کر گفتگو کرنے لگا:

"فرانسیسی فوج کے خلاف کسی سازش کا تو پتہ نہیں چلا ؟"

"ہاں حضور والا ! ۳۰ سازشوں سے زیادہ کا حال اب تک نہیں معلوم ہوچکا ہے"

"سازش کے بانیوں کا بھی کچھ پتہ لگا ؟"

"مجھ پر سب سے بڑا فرض شہنشاہ کی زندگی کی حفاظت کا ہے۔ میرے ایک افسر نے ابھی ابھی ایک ناعاقبت اندیش کو گرفتار کیا ہے جو حضور پر گولی چلانے والا تھا"

نپولین نے تعجب سے پوچھا:

"وہ پروشیا کا باشندہ ہے یا آسٹریا کا ؟"

"بویرین ہے" افسر نے جواب دیا۔

نپولین یہ سن کر سخت متحیر ہوا :

"خوب ! میں تو اس بدنصیب ملک کو آسٹریا کی غلامی سے بچانے کیلئے فرانسیسی فوج کا خون بہا رہا ہوں، اور اُس کا بدلہ مجھے یہ دیا جاتا ہے کہ دھوکے سے قتل !"

اُس نے مجرم کو حاضر کرنے کا حکم دیا۔ ۲۰ منٹ کے بعد وہ موجود تھا۔ نپولین کھڑا تھا۔ مجرم اس کے سامنے لا کھڑا کیا گیا۔ اس کے داہنی طرف بویریا کا ولی عہد تھا۔ بائیں جانب جنرل برٹیہ۔ نپولین نے اپنی آنکھیں مجرم کے چہرے پر جما دیں۔ ان آنکھوں میں نہیں معلوم کیا طلسمی قوت تھی کہ مجرم تاب نہ لاسکا۔ منہ کے بل گر کر چلایا "عفو! عفو!"

نپولین نے نرمی سے پوچھا "وہ اسباب کیا تھے جنھوں نے تجھے اس جرم پر آمادہ کیا؟"

مجرم نے تمام واقعات صحیح صحیح بتا دیے۔ اس پر نپولین نے کہا:

"لیکن اس میں میرا قصور کیا ہے؟ اگر دول یورپ مجھے مٹانا چاہتی ہیں اور میں اپنی مدافعت کرنا چاہتا ہوں تو میرا گناہ کیا ہے؟ تمہاری شادی روکنے کا میں نے حکم نہیں دیا۔ نہ میں اُس کے التوا کا اصلی سبب ہوں۔ لیکن اگر تم مجھی کو باعث سمجھتے ہو تو میں ابھی حکم دیتا ہوں کہ آج ہی تمہاری منگیتر سے تمہاری شادی ہو جائے۔ میں اپنی جیب خاص سے سو اشرفیاں اس تقریب میں پیش کرتا ہوں۔ برٹیہ! کل تم فوج کے ایک دستہ کے ساتھ اِس شادی میں شریک ہونا، اور میری طرف سے دولھا دلہن کے ساتھ جلوس میں چلنا!"

پھر نپولین مترجم کی طرف متوجہ ہوا:

"اِس شخص سے کہدو کہ میں نے معاف کر دیا۔ میں تمہارے لئے خوشی و خرمی کا متمنی ہوں!"

دُولف خلاف توقع یہ برتاؤ دیکھ کر مبہوت ہو گیا۔ ولی عہد بویریا نے نپولین سے کہا:

"آپ کا اخلاق واقعی نہایت قابلِ عزت ہے!" نپولین نے سادگی سے جواب دیا:

"عزیز شاہزادے! میں نے تو بادشاہی کا ایک محض معمولی فرض ادا کیا ہے۔ کبھی کبھی عفو و کرم بادشاہوں کا مقدس فرض ہو جاتا ہے!"

۲۶، اگست ۱۹۲۷ء

# نپولین پر دُوسرا حملہ

یکم مئی ۱۸۰۹ء میں نپولین آسٹریا میں جنگ کر رہا تھا۔ ۲۳ر اکتوبر کو جبکہ وہ اپنی فتحمند فوجوں کا معائنہ کر رہا تھا، یکایک میدان کے ایک گوشہ سے ایک خوبصورت نوجوان نمودار ہوا۔ اور آہستہ آہستہ نپولین کی طرف بڑھنے لگا۔ مارشل برتھیئر کی نظر اُس پر پڑی اور اُس نے اُسے روک کر کہا۔

"اگر شہنشاہ کو کوئی درخواست دینی چاہتے ہو تو مجھے دیدو، میں پیش کردوں گا"

نوجوان نے جواب دیا "میں خود نپولین سے زبانی گفتگو کرنی چاہتا ہوں"

یہ کہہ کر نوجوان پیچھے ہٹا۔ مارشل نے خیال کیا وہ واپس جا رہا ہے۔ مگر اُس کے مڑتے ہی نوجوان نے پھر آگے بڑھنا شروع کیا۔ مارشل کو شک ہوا اور اُس نے ایک افسر کو حکم دیا کہ اُسے گرفتار کر کے لے جائے۔

یہ واقعہ کسی نے بھی نہیں دیکھا۔ سب فوج کی قواعد کے تماشہ میں مصروف تھے۔ تھوڑی دیر بعد افسر نے واپس آکر مارشل کو خبر دی کہ نوجوان کی جیب میں خنجر نکلا ہے جو ایک سفید کاغذ میں لپٹا ہوا تھا۔

جنگی قواعد ختم ہونے کے بعد مارشل نوجوان کو دیکھنے گیا، کیا دیکھتا ہے کہ وہ چارپائی پر پڑا ہے۔ اُس کے سامنے ایک عورت کی تصویر، نوٹ بک، اور چند سکے رکھے ہیں۔

مارشل نے سوال کیا:

"تمہارا کیا نام ہے؟"

"صرف نپولین کو بتاؤں گا"

"تم اس خنجر سے کیا کرنا چاہتے تھے؟"

"نپولین کو بتاؤں گا"

"شہنشاہ کی جان لینا چاہتے تھے؟"

"ہاں!"

"کیوں؟"

"نپولین کو جواب دوں گا"

چند منٹ بعد نپولین کو اس واقعہ کی اطلاع ہو گئی۔ اُس نے نوجوان کو اپنے سامنے طلب کیا، نوجوان کی مشکیں کسی تھیں۔ نپولین کے سامنے پہونچ کر وہ ذرا بھی مرعوب نہیں ہوا۔

نپولین: تم فرنچ جانتے ہو؟"

نوجوان: بہت کم"

"نام؟"

"فرڈریک سٹابس"

"وطن؟"

"جرمنی"

"باپ کا پیشہ؟"

"پروٹسٹنٹ پادری"

"تمہاری عمر؟"

"اٹھارہ برس"

"خنجر سے کیا کرنا چاہتے تھے؟"

"آپ کو قتل!"

"تو دیوانہ ہے؟"

"ہرگز نہیں"

"بیمار ہے؟"

"نہایت تندرست ہوں"

"مجھے کیوں قتل کرنا چاہتے تھے؟"

"کیونکہ تم نے میرے وطن کو بدبخت بنا دیا ہے!"

"کیا میں نے تیرے ساتھ بھی کچھ بُرائی کی ہے؟"

"ہاں میرے ساتھ بھی اور ہر جرمن کے ساتھ بھی"

"تجھے اِس جرم کے لئے کِس نے بھیجا ہے؟"

"کسی نے بھی نہیں۔ مَیں خود اپنے اِس اعتقاد سے آیا ہوں کہ تمہیں قتل کر کے اپنے وطن اور تمام یورپ کو تمہارے شر سے نجات دے دوں گا!"

"آج سے پہلے بھی تو نے مجھے دیکھا تھا؟"

"ہاں، ارفورٹ میں"

"اُس وقت بھی میرے قتل کا ارادہ تھا؟"

"ہرگز نہیں، مَیں سمجھتا تھا تم پھر کبھی جرمنی پر اعلانِ جنگ نہ کرو گے، اُس وقت مَیں تم سے محبت کرتا تھا"

"یہاں وائنا میں کتنے دن سے ہو؟"

"دس دِن سے"

"اتنے دن کیوں خاموش رہے؟"

"آج سے پہلے کوئی مناسب موقعہ نہیں ملا"

"مَیں پھر پوچھتا ہوں دیوانہ ہو یا بیمار؟"

"دونوں میں سے کوئی بھی نہیں"

"میں" بکورفینزار کو بلواتا ہوں"

"یہ کون شخص ہے؟"

"ڈاکٹر"

"لیکن مجھے ڈاکٹر کی مطلق ضرورت نہیں"

تمام حاضرین پر خاموشی طاری ہوگئی۔ یہاں تک کہ ڈاکٹر آیا اور نبض دیکھی۔ نوجوان نے کہا:

"کیوں ڈاکٹر! میں بالکل تندرست نہیں ہوں؟"

ڈاکٹر نے نپولین سے عرض کیا:

"یہ بالکل تندرست ہے" نوجوان نے خوش ہوکر نپولین سے کہا:

"میں نے پہلے ہی عرض کر دیا تھا!" نپولین کو لڑکے کی جرأت پر ازحد تعجب ہوا۔ تاہم اس نے پھر گفتگو شروع کی:

"تم سخت ناسمجھ اور ناعاقبت اندیش ہو۔ اپنے اور اپنے خاندان کے دشمن ہو۔ تاہم میں جاں بخشی کرنے کو تیار ہوں بشرطیکہ ندامت ظاہر کرو اور معافی چاہو"

"ندامت! معافی! ہرگز نہیں! ہرگز نہیں! البتہ مجھے اپنی ناکامی پر افسوس ضرور ہے!"

"عجب! شاید جرم کو کھیل سمجھتے ہو"

"تمہارا قتل جرم نہیں، مقدس فرض ہے!"

"تیرے پاس سے کس کی تصویر برآمد ہوئی ہے؟"

"میری محبوبہ کی"

"وہ تمہاری جان پر رنجیدہ ہوگی؟"

"نہیں بلکہ وہ میری ناکامی پر رنجیدہ ہوگی۔ وہ بھی تم سے ویسی ہی نفرت کرتی ہے جیسی میں"

"اگر معاف کردوں تو احسان مانو گے؟"

"ہرگز نہیں بلکہ دوبارہ قتل کرنے کی کوشش کروں گا۔"

نپولین کو نوجوان کی دلیری پر حیرت ہوئی اور افسوس کے ساتھ گردن مارنے کا حکم دے دیا۔

۲۸ر اکتوبر سنہ ۱۹۲۶ء

# ماں کی محبّت

(مشہور روسی افسانہ نگار "ماکسم گورکی" کے ایک اخلاقی افسانہ کا ترجمہ)

امیر تیمور گورکانی، درۂ "کانہول" میں، جو گلاب و یاسمن کے سُرخ و سفید پھولوں کے ایک حسین ابر پارے سے چھپا ہوا تھا، عیش و نشاط اور ناؤ نوش میں مشغول تھا ـــــ سمرقندی شاعروں نے اِس درہ کو "پروازِ گُل" کے نام سے موسوم کیا تھا ـــــ اس دلچسپ مقام سے شہر کے تمام، آسماں شکوہ، مینار، اور مساجد و معابد کے سبز گنبد بخوبی نظر آتے تھے۔ درہ کی لمبائی کے گرد، پندرہ ہزار رنگین قناتیں، بڑے بڑے پنکھوں کی طرح، زمین پر قائم تھیں، اور ان پر دیبا و پرنیاں کی رنگین جھنڈیاں ـــــ ایسا معلوم ہوتا تھا، جاندار پھول ہوا میں تیر رہے ہیں!

تیمور کا خیمہ، ان قناتوں اور رجھولداریوں کے درمیان ایک خوبصورت ملکہ کی طرح نظر آتا تھا جو اپنی خواصوں کنیزوں کے حلقہ میں کھڑی ہو ـــــ اُس کے خیمہ کی قنات، زمین کا مربع حِصّہ گھیرے ہوئے تھی جس کے چاروں حِصّے تقریباً سو قدم طویل اور تین نیزوں کے برابر بلند تھے۔ خیمہ بارہ طلائی ستونوں پر قائم تھا، جو درمیانی حِصّے کے نیچے نصب تھے۔ اور اس غرض سے کہ کہیں یہ رنگ و بو کا ارضی ابر آسمان کی طرف نہ اُڑ جائے، پانسو سرخ ریشمیں طنابوں کے ساتھ محکم کر دیا گیا تھا۔ خیمہ کے چاروں گوشوں میں ایک ایک چاندی کا بنا ہوا شاہین، جو صنعت کا

نفیس ترین نمونہ تھا، سجایا گیا تھا۔ خیمہ کے بیچ میں پانچواں شاہین، خود تیمور تھا ——
وہ شہنشاہ جو نہیں جانتا تھا مغلوب ہونا کسے کہتے ہیں ؟؟

تیموؔر کا لباس بہت کشادہ تھا، جو آبی رنگ کی دیبا سے تیار کیا گیا تھا، اس پر پانچ ہزار سے زیادہ مروارید کے دانے ٹکے تھے۔ سر پر سفید اور شکستہ کلاہ جس کے نیچے سے اُس کے سپید وسیاہ بال باہر نکل رہے تھے —— اُسکی آنکھوں سے، جو چاروں طرف نگراں تھیں، جوش کا خون اُبل رہا تھا!

اُس کی آنکھیں چھوٹی اور تنگ تھیں مگر ہر چیز دیکھ رہی تھیں، دیکھ سکتی تھیں ——
اُن سے زہر کی سی سردی اور خنکی ٹپک رہی تھی۔!

شہنشاہ کے کانوں میں سراندیپ کے عقیق کے دو گوشوارے تھے، رنگ میں حسین وجمیل ہونٹوں سے ملتے جُلتے !!

خیمہ میں نہایت نفیس اور قیمتی قالین بچھے تھے جن پر عیش و عشرت کا سامان مہیا تھا۔ ایک طرف .... مغنیوں اور سازندوں کا ہجوم تھا —— تیموؔر کے قریب، اُسکے عزیز واقربا، دوسرے بادشاہ، خوانین، اور فوجی افسر بیٹھے تھے —— سب سے زیادہ نزدیک، اُس کے دربار کا شاعر "کرمانی" —— اپنے کیف معنوی میں مخمور نظر آتا تھا!

یہ وہی کرمانی "ہے جس سے ایک دن، تیموؔر کی اس طرح گفتگو ہوئی تھی:

"کرمانی! اگر مجھے فروخت کیا جائے تو تم کتنے میں خریدو گے؟" تیموؔر نے مُسکراتے ہوئے پُوچھا۔

"پچیس سپاہیوں کے معاوضے میں!" کرمانی کا جواب تھا۔

"یہ تو صرف میرے زرّیں پٹکے کی قیمت ہے"! تیموؔر نے غضب ناک ہو کر کہا۔

"میں نے بھی تو اسی پٹکے کی قیمت لگائی ہے ورنہ خود آپ کی ذات کے لئے تو کوئی ایک روپیہ بھی نہ دے گا"!!

کرمانی نے بے باکی سے جواب دیا۔

کیسا زبردست اور جابر شہنشاہ! —— کس قدر دہشت انگیز!! ——

کس درجہ ہولناک !!! ــــ اور کرمانی کی یہ بےخوف گفتگو!! کیا اِس حق گو شاعر کی شہرت، تیمور کی شہرت سے زیادہ بلند ہونے کا حق نہیں رکھتی ؟؟

یکایک ــ اس بزمِ نوشانوش کے مترنم اور خوشگوار، ہنگاموں میں، ایک آواز۔ جس طرح بادلوں سے بجلی کوند جاتی ہے ــ "یلدیرم بایزید" کے مغلوب کرنے والے کے کانوں میں آئی ــ!

یہ آواز ــــ ایک عورت کی آواز تھی، جو ایک غضبناک شیرنی کی آواز کی طرح سُنائی دی !!

تیمور کے اِنتقام جو اور زخمی دل کو، جو اسکے فرزندِ دلبند کے ضائع ہو جانے کے سبب سے تمام دنیا اور دنیا والوں کے خلاف، غیظ و غضب سے لبریز ہو گیا تھا ــــ یہ آواز ایک آشنا سی آواز معلوم ہوئی! جامِ عشرت، اُس کے ہاتھ سے چھوٹ گیا۔ اُسکے لبوں پر ایک اضطراری لہر دوڑ گئی ۔ یہ لہر کہہ رہی تھی " یہ دل خراش آواز کہاں سے آئی "؟

حکم کی تعمیل "بندگانِ دولت" کی گھبراہٹ نے کی جو چاروں طرف دوڑ گئے تھے ــ شہنشاہ کو جواب مِلا " یہ ایک دیوانی عورت کی آواز ہے جو کسی طرح یہاں تک پہونچ گئی ہے۔ شکل و صورت سے فقیرنی معلوم ہوتی ہے۔ عربی میں گفتگو کرتی ہے اور " فرماں روائے بحر و بر" کی آستاں بوسی کی خواہشمند ہے "!

" فوراً حاضر کی جائے " !!

تیمور نے حکم دیا اور ــــ عورت خیمہ میں داخل ہوئی ــ برہنہ پا! پھٹے ہوئے کپڑے! سینہ چھپانے کے لئے اپنی زلفیں بکھیرے ہوتے! چہرہ کا رنگ اُڑا ہوا ــــ بغیر کسی کپکپاہٹ کے، جو ایسے باجاہ ــــ و جلال اور ہیبت ناک شہنشاہ کی موجودگی کا ادنیٰ سا خراج تھا۔ اُس نے دونوں ہاتھ شہنشاہ کی طرف پھیلا دیئے اور بے باکانہ ــــ خود فراموشانہ لہجہ میں گویا ہوئی :

" کیا تو ہی وہ فرماں روا ہے جس نے سُلطان بایزید کو مغلوب کیا ؟ "

" ہاں میں ہی ہوں ــــ میں نے ہی بایزید کو اور بایزید جیسے کئی بادشاہوں کو

مغلوب کیا ہے! بتا تو کیا چاہتی ہے"؟

تیمور نے جواب دیا۔

"سُن اے امیر! تو جو کچھ بھی ہے اور جس حیثیت میں بھی ہے پھر بھی ایک آدمی ہے! لیکن میں ___ آہ، میں ایک ماں ہوں! تو موت اور ہلاکت کی خدمت کرتا ہے، میں زندگی اور سلامتی کی خدمت کرتی ہوں ___ تو انسان کو ہلاک کرتا ہے۔ میری گود میں اسکی پرورش ہوتی ہے۔ مجھے بتلایا گیا ہے کہ تیرے عقیدے میں انصاف کرنا، توانائی میں داخل ہے، مگر مجھے یقین نہیں آتا، اور نہیں آئے گا، جب تک تو میری فریاد کو ___ میری داد کو نہیں پہونچے گا۔!"

عورت نے کمال تمکین و وقار کے لہجہ میں کہا "اس لئے کہ میں ایک ماں ہوں اور ایک دُکھیاری ماں!!"

تیمور نے عورت کی بے خوفی اور بے پروائی کو حیرت سے دیکھا اسکو بیٹھنے کی اجازت دی "میں سُن رہا ہوں تم اصل واقعہ سُناؤ!"

عورت شہنشاہ کے سامنے چار زانو ہو بیٹھی اور کہنے لگی۔ "امیر! میں سالرمو کی رہنے والی ہوں ___ تو نے ہرگز اس جگہ کا نام نہ سُنا ہوگا کیونکہ وہ دور ہے ___ یہاں سے بہت ہی دُور! ...... میرا باپ اور شوہر ماہی گیر تھے، ایک دن بحری قزاقوں نے چھاپا مارا اور" ___ اُس نے روتے ہوئے کہا۔ "دونوں کو قتل کر ڈالے۔ میرے" ___ اُس کی ہچکی بندھ گئی تھی ___ "میرے لختِ جگر کو جو نہایت خوبصورت تھا ___"

تیمور کے منھ سے آہ نکل گئی۔ اُس نے دل ہی دل میں کہا "خوبصورت! ..... میرے لڑکے جہاں گیر کی طرح! آہ"

عورت نے اپنا قصہ جاری رکھتے ہوئے اور آنکھوں سے سیلاب درد بہاتے ہوئے کہا، "بے رحم قزاق میرا لڑکا پکڑ لے گئے، آج چار سال ___ آہ، پورے چار سال گزرے کہ میں اُسکی تلاش میں دیوانہ وار چاروں طرف پھرتی ہوں مگر کہیں پتہ نشان نہیں ملتا ___ امیر! میں سمجھتی ہوں میرا لڑکا تیرے پاس ہے، کیونکہ بایزید کے لشکر نے اُن بحری قزاقوں کو گرفتار کر لیا تھا اور تو نے بایزید کو شکست دے کر اُس کا سب کچھ چھین

لیا۔ ضرور ہے کہ میرا لڑکا تیرے پاس ہوگا اور اِس لئے میں چاہتی ہوں تو اُسے میرے سپرد کر دے!"

حاضرین دربار، عورت کی باتوں پر ہنس پڑے "یہ دیوانی ہوگئی ہے۔"

شاعر کرمانی نے کہا "ہاں یہ دیوانی ہے مگر ایک ماں کی طرح!"

تیمور نے دریافت کیا "بڑھیا تو کِس طرح اِس قدر دُور دراز راستوں سے اِس جگہ آپہونچی ہے؟ تو نے ایسے ایسے پہاڑ اور جنگل کیوں کر طے کئے؟ راستہ میں وحشی لٹیروں اور ڈاکوؤں کے ہاتھوں سے کِس طرح بچی"؟

آہ، ماں کی محبت!! ـــــ !! ماں کی ہمیں پرستش کرنی چاہئے! دنیا میں کوئی چیز ایسی نہیں جو ماں کی محبت کے راستہ میں حائل اور مانع ہوسکے۔ انسان کے تمام کامل صفات وحسنات ـــــ سب ماں کے دودھ کی چھاؤں میں پرورش پاتے ہیں ـــــ!! پھول آفتاب کے بغیر پیدا نہیں ہوتا! نیک بختی، محبت کے بغیر نصیب نہیں ہوتی! محبت، عورت کے بغیر ممکن نہیں ـــــ اور شاعر اور سپاہی ـــــ کوئی بھی ماں کے بغیر پیدا نہیں ہوسکتا ـــــ!

مظلوم عورت نے مکرر کہا "تیمور! میرا لڑکا مجھے دلادے!"

شاعر کرمانی بولا "ماؤں کی ہمیں پرستش کرنی چاہئے اِس لئے کہ وہ ہمارے لئے بڑے بڑے آدمی پیدا کرتی ہیں، اور آدمیوں کو بلند رتبہ پر پہونچاتی ہیں ـــــ ارسطو، فردوسی، اور ـــــ اِسی طرح سعدی اپنی شہد آمیز شیریں زبانی کے ساتھ ـــــ عمر خیام اپنی شراب کی سی زہر آلود رباعیوں کے ساتھ ـــــ سکندر، ہومر اور بہرام گور ـــــ یہ سب عورت کے، ایک ماں کے بچے ہیں!"

تیمور اس عورت کی باتوں سے کسی گہری فکر میں چلا گیا۔ پھر سر اٹھا کر ـــــ اس نے حکم دیا کہ تین سو شہسوار فوراً اُس لڑکے کی تلاش میں روانہ ہو جائیں، جو شخص ڈھونڈ کر لائے گا اُسے انعام دیا جائے گا ـــــ" پھر اُس نے آہ بھر کر کہا۔ میں سمجھ گیا یہ عورت اِس قدر بے پروا اور بے خوف کیوں ہے؟ ـــــ چونکہ وہ ماں

ہے ! ــــ ایک محبّت کرنے والی ماں !! اور کوئی ماں نہیں ہوتی جو محبّت نہ کرتی ہو !! بڑے کے کھو جانے سے اس کے دل میں آگ سی بھڑک رہی ہے ــــ ایسی آگ ! جو برسوں تک، قرنوں تک، شرارے چھڑک سکتی ہے"

تیمور کے حکم جاری کرنے پر کرمانی کی شاعرانہ اور درد آشنا رُوح وجد میں آگئی۔ اس نے فی البدیہہ یہ اشعار موزوں کرئیے :

## ماں

یہ کون نغمہ ہے ساری دنیا کے نغمہائے طرب سے شیریں ؟
جو آسماں کے ستاروں، باغوں کے پھولوں کا عکس بن رہا ہے
کوئی بتائے بھلا وہ کیا ہے ؟

زمانے کے اہلِ ذوق میں سے ہر ایک کا یہ خیال ہو گا
کہ وہ محبّت ہے، جس سے یہ خاکدانِ تیرہ سنور رہا ہے !
حریمِ ہستی مہک رہا ہے !

وہ چیز، جو آفتابِ نصف النہار، اُردی بہشت سے بھی
ہزار درجہ زیادہ اچھی ہے، خوبصورت ہے، خوشنما ہے
کوئی بتائے بھلا وہ کیا ہے ؟؟

فضائے شبگوں میں، مَیں نے دیکھے ہیں مسکراتے ہوئے ستارے !
میں جانتا ہوں کہ چشمِ محبوب سارے پھولوں سے خوشنما ہے !
شراب گوں ہے شراب زا ہے !

میں جانتا ہوں کہ اُس کا اک ہلکا ہلکا سا نازنین تبسّم
دلِ شکستہ کے حق میں کس درجہ مہر انگیز و مہر زا ہے !
لبِ تکلم کا معجزہ ہے !

کرشمہ آرائی ہائے احساسِ حسن کے باوجود اب تک
نہ کہہ سکا کوئی شاعر آخر، وہ نغمۂ دل پذیر کیا ہے ؟
جو سب سے بہتر ہے دلربا ہے !!

مگر میں کہتا ہوں اب کہ وہ نغمہ ۔۔ آہ، وہ دلگداز نغمہ!
جو ساری دُنیا کے سارے رنگیں ترانوں کا اصل مبتدا ہے!
جو قلب فطرت کا آئینہ ہے!
وہ نغمہ ۔ وہ کائنات کا ۔ کائنات کا سحر کار دل ہے!!
وہ دل کہ جس کا جہان والوں نے پیار سے نام ماں رکھا ہے!!
وہی محبت کی ابتدا ہے!!
وہی محبت کی انتہا ہے!!

مترجمہ اختر شیرانی ۔ لاہور

۲ ستمبر ۱۹۲۷ء

# ترکی تاریخ کا ایک مجہول صفحہ

## (شاہزادہ جم کا افسوس ناک انجام)

کم لوگوں نے شاہزادہ "جم" کا نام سُنا ہوگا۔ عام طور پر مورخوں نے بھی اِس کا ذکر نہیں کیا ہے۔ نتیجہ یہ ہے کہ یہ نام بالکل اجنبی معلوم ہوتا ہے۔ حالانکہ اس کا واقعہ ترکی تاریخ میں ایک نہایت ہی غم ناک فاجعہ (ٹریجڈی) ہے۔ اور اس وقت بھی مشرقی دنیا کے لئے عبرت و موعظت کا ایک درس ہے۔ آج ہم قارئین الہلال سے اس تاریخی شخصیت کا تعارف کراتے ہیں۔

( ۱ )

جم — یا یوروپین تلفظ کے مُطابق "زیزم" — ایک بدنصیب مشرقی شاہزادہ ہے۔ مصائب و آلام نے اُس سے محبّت کی۔ زمانے نے بے وفائی کی۔ حسرت و غم نے اُس کا پیچھا کیا۔

سلطان محمد، فاتح قسطنطنیہ کا یہ منجھلا لڑکا تھا۔ اُس میں جسمانی قوت، ذہانت، حسن، خوش مزاجی، رقیق احساس، شجاعت، جملہ اوصاف جمع ہوگئے تھے۔ پیدائشی شاعر تھا۔ ترکی شعر و ادب میں اب تک اس کے آثار موجود ہیں، اور اُس کی ذہنی بلندی اور شاعرانہ تخیل کا بہترین ثبوت ہیں۔

اس کا آغاز نہایت امید افزا تھا۔ گمان ہوتا تھا کہ قدرت اس پر پوری طرح مہربان ہے۔ ابھی اُس کی عمر دس برس ہی کی تھی کہ اولوالعزم باپ، محمد فاتح، اُس کی قابلیت کا معترف ہوگیا اور صوبۂ قسطمونی کا حاکم مقرر کردیا۔ یہاں شعراء و ادباء کی ایک بڑی جماعت موجود تھی۔ کم سن شاہزادے نے انہیں بار یاب کیا، تعلقات بڑھائے، اور خداداد قابلیت کے ساتھ شعر و ادب کا باقاعدہ مطالعہ کیا۔ تھوڑی ہی مدّت میں اپنے استادوں سے بھی بازی لے گیا۔ اسی زمانے میں ایک فارسی قصّے "خورشید و جمشید" کا ترکی شعر میں ترجمہ کیا اور اپنے والد کے نام ہدیہ کیا۔ محمد فاتح بہت خوش ہوا۔ پہلے سے زیادہ مہربان ہوگیا اور صوبۂ گلینشیا کی حکومت سپرد کردی۔ اس وقت جم کی عمر صرف اٹھارہ سال کی تھی، مگر وہ پختہ کار حکمراں بن چکا تھا۔

گلینشا میں اُس نے اپنی انتظامی قابلیت کے بڑے بڑے ثبوت پیش کیے۔ یہ صوبہ پہلے سلجوقیوں کی ایک ریاست تھا۔ آل عثمان نے اُسے فتح تو کرلیا تھا، مگر پوری طرح قابو نہیں پاسکے تھے۔ ہمیشہ بدامنی اور شورش برپا رہتی تھی۔ سابق سلجوقی حکمراں بغاوتوں پر بغاوتیں کرتے رہتے تھے۔ مصر کے چوکس بادشاہ اور ایران کے شہنشاہ ان کی امداد کرتے تھے۔ اُس وقت ترکی سلطنت میں اِس صوبے سے زیادہ مشکل حکومت کسی صوبے کی نہ تھی۔ والیوں پر والی آتے تھے اور ناکام لوٹ جاتے تھے۔

لیکن جم نے آتے ہی اپنی بے نظیر ہمّت و شجاعت سے کام لے کر تمام شورش پسند عناصر کا خاتمہ کردیا۔ ہولناک معرکوں میں بے خوف و خطر گھس جاتا تھا۔ دست بدست لڑائیاں لڑتا تھا۔ بڑے بڑے شہ زوروں سے نبرد آزما ہوتا اور ہمیشہ غالب رہتا۔ تھوڑے ہی دنوں میں اُس کا رعب دلوں پر چھا گیا۔ جم کا نام دل دہلا دیتا تھا۔ باشندے ڈر سے اُس کا نام نہیں لیتے تھے۔ "رستم دوراں" کے لقب سے یاد کرنے لگے تھے۔

(۲)

پانچ برس تک نہایت بیدار مغزی سے حکومت کرتا رہا۔ ہر طرف امن و امان قائم ہوچکا تھا۔ کوئی پیچیدگی بھی باقی نہیں رہی تھی۔ اب اُس نے اپنے تئیں معطل پایا۔ اِس تعطل نے اسکے مزاج میں تبدیلی پیدا کی، اور اسی تبدیلی سے اس کی بدنصیبی کا آغاز ہوا۔

حکومت کی ذمہ داریوں سے غافل ہوگیا۔ عیش وعشرت کی بساط بچھادی۔ نفس پرستی کا دروازہ کھول دیا۔ اس کا محل بوالہوسوں کا مرکز اور عیش پرستوں کا کعبہ بن گیا۔

اب تک وہ پوری قوم کا محبوب تھا۔ کوئی نہ تھا جو اُسے محمد فاتح کا سچا جانشین نہ خیال کرتا ہو۔ ملک بھر کی یہی رائے تھی کہ آئندہ سلطان وہی ہوگا۔ لیکن اس نئی تبدیلی نے اس کی شہرت ومقبولیت کو سخت نقصان پہونچایا۔ دو جماعتیں قائم ہوگئیں۔ ایک اب بھی اس کی مؤید تھی۔ یورپ کے مقابلے کی قوت اسی میں دیکھتی تھی۔ یہ جماعت وزیر اعظم محمد نشانی باشا کی تھی۔ دوسری جماعت فسق وفجور کی وجہ سے اس کی سخت مخالف تھی۔ دین واُمت کے لئے اسے خطرناک سمجھتی تھی۔ اِس جماعت کا سرگروہ، شیخ الاسلام تھا۔

جم کا حریف، بایزید تھا۔ یہ اُس کا بڑا بھائی اور ترکی دستورِ حکومت کی رو سے اپنے باپ کا وارث تھا۔ سلطان محمد کی زندگی میں دونوں حریف دور دور رہے۔ لیکن اسکی وفات کے بعد تصادم ضروری تھا۔

جم، عقلمند، بہادر، اولوالعزم، مگر عیاشی کی وجہ سے غفلت کا شکار ہوگیا تھا۔ بایزید، بے وقوف، بزدل، پست ہمت، مگر سلطنت حاصل کرنے کے لئے بے قرار تھا۔ بایزید اپنے بھائی کی قابلیتوں سے واقف تھا، اس لئے بہت بیدار رہتا تھا۔

( ۳ )

اپنے باپ کی وفات کے وقت دونوں بھائی پایۂ تخت، قسطنطنیہ، سے دور تھے۔ جم کلیشیا میں تھا اور بایزید آماسیا کا حاکم تھا۔ وزیر اعظم محمد نشانی باشا چونکہ جم کا طرفدار تھا، اس لئے اس نے سلطان کی موت فوج سے مخفی رکھی۔ کیونکہ فوج تمام تر ترکی علماء کے زیر اثر تھی۔ اُس نے پہلے ایک خفیہ قاصد جم کے پاس بھیجا کہ فوراً پایۂ تخت پہونچو اور سلطنت پر قابض ہوجاؤ۔ نیز وہ تدبیریں بھی لکھ دیں جن سے بایزید زیر کیا جاسکتا تھا۔ کئی دن بعد دوسرا قاصد بایزید کے پاس بھیجا اور تخت نشینی کی دعوت دی۔

دونوں قاصد روانہ ہوگئے۔ مگر جم بدقسمت تھا۔ اُس کا قاصد پہونچ نہ سکا۔ کونامیہ کا حاکم سنان باشا، بایزید کا طرفدار تھا۔ وہ حقیقت سے واقف ہوگیا اور قاصد کو

گرفتار کر کے قتل کر ڈالا۔ دوسری مصیبت یہ پڑی کہ پایۂ تخت کی فوج کو سلطان کی وفات کا پتہ چل گیا۔ وہ شاہی محل میں گھس پڑی اور بایزید کے لڑکے کو بایزید کی آمد تک تخت پر بٹھا دیا۔ سلطان محمد فاتح نے اپنے دونوں لڑکوں کے بیٹے بطور ضمانت کے اپنے پاس رکھ چھوڑے تھے تاکہ وہ وفادار اور اطاعت شعار رہیں۔ معاملہ یہیں پر ختم نہیں ہوگیا بلکہ فوج سازش سے بھی واقف ہوگئی اور وزیر اعظم کو قتل کر ڈالا۔

(۴)

اب جم کی زندگی کے ہولناک تاریک دن شروع ہوتے ہیں۔ قاصد ہوا کی طرح اڑ کر بایزید کے پاس پہونچا۔ ولی عہد گویا پہلے ہی سے تیار بیٹھا تھا۔ فوراً روانہ ہوگیا۔ اور نہایت سرعت سے پایۂ تخت میں داخل ہوا۔ لیکن قصر شاہی میں فوج نے داخل ہونے نہیں دیا اور اپنا انعام طلب کیا۔ گویا اپنی وفاداری کی قیمت لینی چاہی۔ بایزید ڈرپوک تھا۔ فوراً خزانے کا منھ کھول دیا اور سب کو خوش کر دیا۔ بعد میں یہی بخشش فوج کا مطالبہ اور قرضہ بن گئی اور سلطنت کیلئے بہت مضر ثابت ہوئی۔

بایزید تخت نشین ہوگیا اور اپنے بھائی جم پر قابو حاصل کرنے کی تدبیریں سوچنے لگا۔ جم اب تک اس انقلاب سے بے خبر تھا۔ باپ کی وفات اس وقت معلوم ہوئی جب صدر اعظم قتل اور بایزید تخت نشین ہو چکا تھا!

سخت متحیر ہوا کہ کیا کرے؟ یہ ظاہر تھا کہ صدر اعظم کے بعد پایۂ تخت میں اسکے حامیوں کی کوئی جماعت باقی نہیں رہی ہے۔ علماء اُس کے سخت خلاف ہیں اور عام رائے انہی کے زیر اثر ہے۔ اب اسے اپنے سامنے دو ہی راہیں نظر آتی تھیں: بھائی کی اطاعت، یا جنگ پہلی صورت کی طرف اس کا رجحان تھا، مگر دو باتوں سے ڈرتا تھا: ایک یہ کہ گلیشیا کی حکومت اسکے ہاتھ سے چھین لی جائے گی۔ دوسرے یہ کہ بایزید اسے قتل کرنے کی کوشش کرے گا۔ کیونکہ ترک سلاطین کا یہ عام دستور تھا کہ اپنے بھائیوں کو قتل کر ڈالا کرتے تھے۔ اگرچہ وہ کتنے ہی مطیع و وفادار ہوں۔

مجبوراً اُس نے جنگ کا عزم کیا۔ اسے اپنی کامیابی کی قوی اُمید تھی۔ گلیشیا کے

باشندے جنگجو اور وفادار تھے۔ اُس نے خیال کیا، بایزید بزدل اور پست ہمت ہے۔ ہرگز مقابلہ نہ کر سکے گا۔

## (۵)

چنانچہ وہ فوراً کمربستہ ہوگیا اور ایک جرار فوج لے کر بروسہ کی طرف بڑھا۔ بروسہ قسطنطنیہ کی کنجی ہے۔ اسے یقین تھا، بایزید کی تیاری سے پہلے ہی وہ بروسہ پر قابض ہوجائے گا۔ مگر بایزید بھی غافل نہ تھا۔ مقابلہ کی تیاری کرچکا تھا۔ جم کے متحرک ہوتے ہی اس نے بھی ایاز پاشا کی قیادت میں ایک فوج روانہ کردی اور خود بھی ایشائی ساحل پر جنگی کاروائی کرنے کے لئے آموجود ہوا۔

دونوں فوجیں بیک وقت بروسہ کے سامنے پہونچیں۔ شہر والوں نے اپنی بربادی کے خوف سے دونوں پر شہر کے دروازے بند کردئے۔ باہر ہی باہر فیصلا کرلینے پر مجبور کیا۔ میدانِ جنگ گرم ہوا اور پہلے ہی معرکہ میں بایزید کی فوج بھاگ نکلی۔ جم، مظفر و منصور شہر میں داخل ہوا اور اپنی سابق عیاشی پھر شروع کردی۔ اب اسے کامل یقین تھا کہ پایۂ تخت کا مالک ہوجائے گا۔

لیکن یہ اُس کی سخت غلطی تھی۔ بایزید نے ایک اور فوج گراں سنان پاشا کی سپہ سالاری میں بھیجی۔ مگنیا سے ایک دوسری فوج اسکی کمک پر چل دی، اور دونوں نے مل کر جم پر حملہ کردیا۔ عیش پسند شاہزادے کے سپہ سالار، نصوح نے دشمن کی قوت دیکھی تو درۂ ازراد کی طرف پسپا ہوگیا۔ خود جم کو بھی بروسہ خالی کرنا پڑا۔ صرف سترہ دن کی حکومت اُس کی قسمت میں لکھی تھی!

بایزید نے صرف اپنی جنگی قوت ہی پر بھروسہ نہیں کیا بلکہ سازش کا جال بھی پھیلا دیا۔ بڑی بڑی رشوتیں دے کر جم کے بہت سے آدمی ملا لئے۔ حتیٰ کہ اُس کا وزیر یعقوب بھی خیانت پر آمادہ ہوگیا۔ یعقوب نے اپنے آقا کو ینی شہر چلنے کا مشورہ دیا۔ یہاں بایزید کی ایک بڑی فوج موجود تھی۔ فوراً جم پر ٹوٹ پڑی۔ اب بھی بدنصیب شاہزادے ہی کا بھاری تھا۔ مگر عین میدان جنگ میں اُس کے سپہ سالار نصوح نے دغا کی اور فوج کا ایک بڑا حصہ لے کر دشمن

سے جاملا۔ اب جم کے لئے راہ فرار اختیار کرنے کے سوا کوئی چارا باقی نہیں رہا تھا۔

لیکن ابھی ایک اُمید باقی تھی۔ سلجوق خاتون، سُلطان محمد فاتح کی پھوپی، دونوں بھائیوں میں صلح کی کوشش کر رہی تھی۔ خود جم نے اسے بروسہ سے بھیجا تھا۔ تجویز یہ تھی کہ سلطنت تقسیم ہو جائے۔ یورپین علاقوں پر بایزید حکومت کرے اور ایشیا جم کے حوالے کر دے۔ نیک دل سلجوق خاتون نے سلطان کو بہت کچھ سمجھایا۔ بھائی کے حقوق یاد دلائے، مگر کامیابی نہ ہوئی۔ بایزید نے صاف کہدیا "بادشاہوں میں رشتہ نہیں ہوتا۔"

جم، شکست کھا کر بھاگا۔ راستہ میں خود اُسی کے سپاہیوں نے اُسے لوٹ لیا اور سخت زخمی کیا۔ محمد فاتح کا اولوالعزم فرزند دوسرے دن آق شہر میں اِس طرح پہونچا کہ تن پر ایک کپڑا بھی نہ تھا اور سردی سے اس کا تمام بدن کانپ رہا تھا۔ اگر ایک شخص رحم کھا کے اسے اپنا گرم کوٹ نہ دے دیتا تو یقیناً ٹھٹھر کر مرجاتا!

شکست کے ایک ہفتہ بعد وہ قونیہ پہونچا۔ یہاں اپنی ماں اور بیوی سے ملاقات ہوئی۔ انہیں لے کر شام روانہ ہوا، اور شام سے ۲۸ جون ۱۴۸۲ء کو مصر پہونچا۔ مصر میں اُس کا بڑا شاندار استقبال کیا گیا۔ خود سُلطان قایتبائی نے شہر کے باہر آکر خیر مقدم کیا اور معزز مہمان کو اپنے محل میں اُتارا۔ چار مہینے آرام لینے کے بعد حج کے لئے مکہ معظمہ روانہ ہوا۔ وہاں بہت سے ترک سرداروں سے ملاقات ہوئی۔ یہ لوگ بایزید کے خلاف تھے۔ انہوں نے شاہزادے کو از سر نو قسمت آزمائی کا مشورہ دیا اور اپنی عقیدت و خدمت پیش کی۔ انہی میں قاسم بک حاکم گلیشیا بھی تھا۔

## (۶)

جم نے پھر کر ہمت جنت کی۔ حلب پہونچا۔ وہاں بایزید کے کئی باغی سپہ سالار اس کے انتظار میں تھے۔ انہیں ساتھ لے کر گلیشیا گیا اور وعدہ کیا کہ سُلطان بننے کے بعد گلیشیا کو خود مختاری بخش دے گا۔

جم نے ایک بڑی فوج جمع کر لی اور قونیہ کی طرف بڑھا۔ بایزید نے سُنا تو ایک لشکر گراں کے ساتھ روانہ ہوا۔ اس کی فوج کا سپہ سالار اپنے زمانے کا سب سے بڑا جنگی آدمی تھا۔

کہ یک احمد پاشا فاتح اٹرنٹو مشرق و مغرب، دونوں دنیاؤں میں مشہور تھا۔ اُس نے آتے ہی جم کی فوج تہ بالا کر ڈالی۔

جم، پھر بھاگا اور گلیشیا کے پہاڑوں میں پناہ گزین ہوگیا۔ بایزید نے ایک وفد بھیج کر خواہش کی کہ جنگ سے باز آجائے اور پُرامن زندگی اختیار کرے۔ اُس نے منظور کر لیا مگر اس شرط پر کہ اسے چند صوبوں کی حکومت بخش دی جائے۔ بایزید نے انکار کیا "ایک سلطنت میں دو ساجھی جمع نہیں ہوسکتے" اُس کا صاف جواب تھا۔

بایزید نے صرف انکار ہی نہیں کیا بلکہ حریف کا پہاڑوں میں تعاقب بھی شروع کر دیا۔ جم کے لیے اب وسیع دنیا تنگ ہوگئی۔ اُس نے ارادہ کیا کہ مصر یا ایران میں جا کر پناہ ڈھونڈھے، مگر قاسم بک نے مشورہ دیا کہ یورپ جائے اور وہاں کے بادشاہوں کی مدد سے اپنا ملک فتح کرے۔

(۷)

شاہزادے نے بڑے پس و پیش کے بعد یہ تجویز قبول کر لی۔ قسطنطنیہ کی فتح کا واقعہ ابھی تازہ ہی تھا۔ یورپ کے تمام بادشاہ ترکوں کے خون کے پیاسے ہو رہے تھے۔ قوی امید تھی کہ وہ سلطنت عثمانیہ کی تباہی کے خیال سے اس باہمی خانہ جنگی میں شرکت منظور کر لیں گے، اور اس طرح مداخلت و استیلا کا موقع بہم پہنچائیں گے۔

جم نے جزیرہ روڈس میں اپنا ایک وفد بھیجا۔ اُس وقت یہ جزیرہ مشہور صلیبی مجلس "نائٹس آف سینٹ جان کے سواروں" کے قبضہ میں تھا۔ جزیرے کے حاکم اعلیٰ نے اپنے ارکان حکومت کے مشورے سے شاہزادے کی حمایت قبول کر لی۔ آنے کی دعوت دی اور اپنا جنگی بیڑہ اس کے لیے بھیج دیا۔

۲۳ جولائی ۱۴۸۲ء کو جم کا روڈس میں شاہانہ استقبال کیا گیا۔ اور نہایت عزت و احترام سے اُس کی ضیافتیں شروع ہوئیں۔ بایزید کو معلوم ہوا تو اُس نے جزیرہ کی حکومت کو دائمی صلح کے معاہدہ کا پیغام بھیجا۔ ساتھ ہی بہت سے امتیازات بھی پیش کئے۔ ان مراعات کے صلے میں جم کی حوالگی کی درخواست کی۔ جزیرہ کی حکومت بہت خوش ہوئی۔ اس نے شاہانہ

مراعات قبول کریں۔ مگر جم کے حوالے کرنے سے اس بنا پر انکار کیا کہ وہ مہمان ہے۔ البتہ وعدہ کیا کہ اُسے جزیرے سے نکال دیا جائے گا۔

جزیرے کی حکومت نے ایک طرف بایزید سے معاملہ طے کرلیا۔ دوسری طرف جم سے وعدہ لے لیا کہ سلطنت پر قابض ہونے کے بعد اُسے عظیم الشان مراعات دے گا۔ باضابطہ عہد نامہ لکھوا لینے کے بعد شاہزادے سے کہا کہ یہاں اس کی زندگی خطرے میں ہے۔ بایزید نے اسے زہر دینے کے لیے اپنے جاسوس بھیجے ہیں۔ لہٰذا مصلحت یہی ہے کہ فرانس چلا جائے۔

(۸)

بدنصیب شاہزادہ راضی ہوگیا۔ اور اگست ۱۴۸۲ء میں جزیرے سے روانہ ہوا۔ اُسے یقین تھا کہ فرانس جارہا ہے۔ وہاں آزاد شاہانہ زندگی بسر کرے گا۔ مگر جہاز میں بیٹھتے ہی اُس نے محسوس کیا کہ حکام جزیرہ کی حراست و قید میں ہے اور وہ اُسے آزاد کرنا نہیں چاہتے۔ مگر اب مجبور تھا۔ صبر کے سوا کوئی چارہ نہ تھا۔

شاہزادہ، شہر نیس میں پہونچایا گیا۔ یہ مقام اُسے بہت پسند آیا۔ اس کی تعریف میں ایک قصیدہ لکھا۔ یہیں اقامت اختیار کرنی چاہتا تھا مگر تخت شاہی کے لیے بے چین تھا۔ چنانچہ یہاں سے شاہ فرانس کے پاس قاصد بھیجا اور امداد کی درخواست کی۔ لیکن حکومت روڈس کے آدمیوں نے قاصد کو راستہ میں روک لیا اور شاہزادے کو فروری ۱۴۸۳ء میں نیس سے دوسری جگہ لے گئے۔ اب اُسے کہیں جمنے نہیں دیتے تھے۔ شہروں شہروں لئے پھرتے تھے اور سختی سے نگرانی کرتے تھے۔

جم کو یقین ہوگیا کہ اُسے دھوکا دیا گیا ہے۔ یہ لوگ اس کے ذریعہ بایزید سے فائدہ اُٹھا رہے ہیں۔ چنانچہ اُس نے پھر دو قاصد روانہ کیے۔ ایک فرانس کو، دوسرا ہنگری کو۔ مگر اُس کے میزبان روڈس کے حاکموں کو خبر مل گئی اور اسے قلعہ ساسناگ میں تن تنہا قید کردیا۔

(۹)

اب جم کی زندگی میں پھر ایک نیا انقلاب ہوتا ہے۔ قلعہ ساسناک کا مالک ایک ڈیوک

تھا ۔ اُس کی لڑکی ولینیا ہیلانا حسن وجمال میں یکتا تھی ۔ شاہزادے نے اسے دیکھا تو عاشق ہوگیا ۔ دوشیزہ کو بھی اُس سے محبت ہوگئی ۔ محبت نے مردِ میدان جم کی طبیعت بالکل بدل ڈالی ۔ جنگ وجدل سے نفرت ہوگئی ۔ حکومت کا شوق زائل ہوگیا ۔ خاموش زندگی کی طلب پیدا ہوئی ۔ اس نے بایزید کو پے درپے خطوط بھیجے اور رحم وکرم کی درخواست کی ۔ مگر سنگ دل بھائی کو رحم نہ آیا ۔ دشمن کو جھکتے دیکھ کر اسکی ہمت اور بھی بڑھ گئی ۔ اُس نے شاہ فرانس سے مطالبہ کیا کہ جم کو فوراً اپنی حدود سے خارج کردے ۔

جزیرہ رودڈس کے حکام نے دیکھا کہ شکار ہاتھ سے جاتا ہے فوراً ایک نئے سودے پر آمادہ ہوگئے ۔ پوپ اینوسن ہشتم سے ایک بہت بڑی قیمت لے کر، ۱۳ر مارچ ۱۴۸۹ء کو شہزادہ اُس کے حوالہ کردیا ۔

( ۱۰ )

جم، روم کو روانہ کیا گیا ۔ پوپ سے ملاقات ہوئی ۔ جم نے اپنی مصیبتیں نہایت موثر پیرایہ میں بیان کیں اور درخواست کی کہ اسے مصر جانے دیا جائے جہاں اُس کی ماں اور بیوی مدّتوں سے جدائی کا غم کھا رہی ہیں ۔ مگر پوپ نے منظور نہیں کیا ۔ اس نے کہا "پوپ کے بادشاہ، ترکی پر چڑھائی کرنے کی تیاری کر رہے ہیں تاکہ تمہیں تخت نشین کردیں" ساتھ ہی اُس نے بہت اصرار کیا کہ مسیحی دین اختیار کرلے تاکہ "دنیا کے ساتھ آخرت کی عزّت بھی حاصل ہوجائے ۔"

جم، پکّا مسلمان تھا ۔ پوپ کی یہ دعوت حقارت سے رد کردی ۔ اُس نے سختی سے کہا "اگر تمام دنیا کی بادشاہی مل جائے، تو بھی میں اپنا دین فروخت نہیں کروں گا" اتنا ہی نہیں بلکہ غیور شہزادے نے پوپ کے روبرو سر جھکانے یا اس کے ہاتھ کو بوسہ دینے سے بھی انکار کردیا، جیساکہ شاہانِ یورپ کا دستور تھا ۔ اُس نے کہا "میں مسلمان ہوں ۔ پوپ کے سامنے نہ تو جھک سکتا ہوں، نہ اس کا ہاتھ چوم سکتا ہوں !"

پوپ نے اسے ویٹیکان میں نظر بند کردیا اور دولِ یورپ کو ترکی پر حملہ کی ترغیب دینے لگا ۔ مگر اُس وقت بھی یورپ میں باہم دگر سخت منافست تھی ۔ آپس میں کوئی

سمجھوتہ نہ ہوسکا۔ اسی اثنا میں پوپ نے انتقال کیا اور مشہور ظالم کارڈینل، اسکندر اس کا جانشین ہوا۔ اس نے اُس عظیم رقم پر قناعت نہیں کی جو جم کو قید میں رکھنے کے صلے میں بایزید سے سالانہ وصول کیا کرتا تھا۔ بلکہ ایک بہت بڑی رشوت لے کر اُس کے قتل پر آمادہ ہوگیا۔

## (۱۱)

اسی زمانہ میں (ستمبر ۱۴۹۴ء) چارلس ہشتم شاہ فرانس نے روم کا محاصرہ کرلیا، اور صلح کی ایک شرط یہ بھی قرار دی کہ جم اُس کے حوالہ کردیا جائے۔ پوپ نے دونوں طرف سے فائدہ اٹھانا چاہا۔ اُس زمانے میں یورپ کے روحانی رہنما آلات و رسائل قتل کے بھی سب سے بڑے ماہر تھے۔ پوپ کے پاس ایک ایسا زہر موجود تھا جو اگر ایک تندرست آدمی کو کھلا دیا جائے، تو ایک خاص مدّت تک اس کی تندرستی پر کوئی اثر نہیں پڑتا تھا۔ لیکن اُس مدّت کے بعد آہستہ آہستہ اس کی تاثیر کام کرنے لگتی تھی، اور بہ تدریج مریض کا خاتمہ کردیتی تھی۔ پوپ نے یہی زہر جم کو کھلا دیا، اور اسکی اطلاع بایزید کو دے کر اُس سے مطلوبہ رقم حاصل کرلی۔ پھر زندہ و سالم جم، چارلس کے حوالہ کردیا، اور اُس سے بھی صلح کرلی۔

جم، شاہ فرانس کے قبضہ میں آگیا۔ چارلس نے اُسے ٹرکی پر فوج کشی کے لیے آمادہ کرنا شروع کردیا مگر اب وہ سمجھ چکا تھا کہ یورپ اس کی طرفداری نہیں کر رہا ہے۔ اُس کی آڑ میں سب سے بڑی اسلامی سلطنت تباہ کرنا چاہتا ہے۔ چنانچہ اُس نے قطعی طور پر انکار کردیا۔ بادشاہ نے ناراض ہوکر قید کردیا۔ مگر اب اس کی دائمی رہائی کا وقت بھی آپہونچا تھا۔ پولس رسول کے جانشین پوپ کا زہر اس کے جسم میں سرایت کرچکا تھا۔ وہ ابھی ناپولی ہی میں تھا کہ ۲۴ فروری ۱۴۹۵ء میں انتہائی حسرت و یاس کے ساتھ اِس دنیا سے ہمیشہ کے لیے رخصت ہوگیا! اُس کے آخری الفاظ یہ تھے:

"خدایا! اگر دشمنانِ دین مجھ سے مسلمانوں کے خلاف کام لینا چاہتے ہیں، تو مجھے جلد موت دے دے، اور اُن کا مقصد پورا نہ ہونے دے!"

۳۰ ستمبر ۱۹۲۷ء

# غضب ناک محبوبہ

# L'ARRABIATA

## —:: پال ہیس کے قلم سے ::—

پال ہیس (Paul-Hayse) جرمنی کا مشہور و معروف شاعر اور افسانہ نگار ہے۔ سنہ ۱۹۱۴ء میں اس نے انتقال کیا۔ اس کے دیوان اور اس کے افسانے اس قدر مقبول ہوئے ہیں کہ اس کا نام عزِ زبانی ہو گیا ہے۔ ذیل میں اس کے ایک مقبول عام افسانہ کا ترجمہ درج کیا جاتا ہے۔

پو پھٹ رہی تھی۔ آتش فشاں ویزو ویس کی چوٹی، سیاہ بادل میں چھپی تھی۔ اس کے دامن شہر نابلی تک پھیلے ہوئے تھے۔ قرب و جوار کے گاؤں بھی اندھیرے میں تھے۔ سمندر خاموش اور صاف تھا۔ خلیج سورنتو کے کناروں پر ماہی گیر اور ان کی عورتیں اپنے روزمرّہ کے کام شروع کر چکی تھیں۔ کوئی ہاتھ بھی خالی نہ تھا۔ بوڑھے اور بچے تک محنت کر رہے تھے۔

"ریشل!" ایک بڑھیا نے اپنی پوتی سے کہا "لے، پادری الفریڈ آ گیا۔ انٹونیو، اسے اپنی کشتی میں جزیرۂ کاپری لے جائے گا۔ مگر ملاح کی آنکھیں نیند کے خمار سے اب تک بھاری ہو رہی ہیں"

سب لوگ، پادری کی تعظیم کے لئے اٹھ کھڑے ہوئے، اس کا چہرہ نورانی تھا، دائیں بائیں، سر کے اشارے سے، مسکراتے ہوئے، سب کا سلام قبول کیا اور اپنے کپڑے احتیاط سے سمیٹ کر کشتی میں بیٹھ گیا۔

"ہمارا پادری، جزیرے میں کیوں جا رہا ہے؟" چھوٹی لڑکی نے اپنی دادی سے سوال کیا "کیا وہاں کوئی پادری نہیں ہے؟"

"تم ٹھیک کہتی ہو" دادی نے اپنا پوپلا منھ ہلا کر کہا "جزیرے میں بہت سے پادری ہیں۔ وہاں کے سے خوبصورت کنیسے دنیا بھر میں کہیں موجود نہیں۔ لیکن وہاں ایک امیر عورت

بیمار ہے ۔ ایک زمانے میں وہ یہاں رہتی تھی ۔ اس وقت بھی بیمار ہوئی تھی اور ہمارے اسی پادری کی دعا سے اچھی ہوئی تھی ۔ اس خوشی میں اُس نے پادری کو، اس کے کنیسے کو، اور یہاں کے فقیروں کو بہت کچھ دیا تھا۔ اب پھر اُس نے پادری کو بلایا ہے تاکہ دنیا چھوڑنے سے پہلے اس مقدس آدمی کے سامنے اعتراف گناہ کرلے۔ سچ یہ ہے کہ ہمارے پادری جیسا اچھا اِس وقت کوئی پادری بھی نہیں ہے ! "

یہ کہہ کر بڑھیا نے ایک مرتبہ پھر پادری کو سلام کیا، کیوں کہ اُس کی کشتی اب روانہ ہونے کو تھی۔

" موسم کیسا ہے ؟" پادری نے نابلی کی طرف نظر اُٹھا کر انٹونیو ملّاح سے کہا۔

" باپ ! ابھی سورج نہیں نکلا" ملّاح نے جواب دیا " یہ تمام بادل سورج نکلتے ہی چھنٹ جائے گا۔"

" تو جلدی کرو ۔ دھوپ سے پہلے ہم نکل جائیں گے " پادری نے کہا۔

نوجوان انٹونیو نے ڈانڈ اُٹھائی ۔ مگر وہ اچانک رک گیا۔ کنارے کی سڑک غور سے دیکھنے لگا۔ سڑک پر کوئی آدمی تیزی سے بڑھا چلا آتا تھا اور ہاتھ ہلا کر اشارے کر رہا تھا۔

یہ دراصل ایک لڑکی تھی ۔ اس کی بغل میں ایک گٹھری دبی تھی معمولی لباس پہنے تھی ۔ ظاہری وضع، فقر و غربت کا پتہ دیتی تھی ۔ اُسکے کالے بالوں کی لٹیں ہوا میں اُڑ رہی تھیں ۔ انٹونیو نے اُسے پہچان لیا۔

" انتظار کیا ہے ؟" پادری نے سوال کیا۔

" ایک اور شخص بھی جزیرے جانا چاہتا ہے، بشرطیکہ آپ اجازت دیں " ملّاح نے ہنستے کہا " ذرا بھی دیر نہ ہوگی ۔ وہ ایک لڑکی ہے ۔ ابھی پورے ۱۸ برس کی بھی نہیں ہے "

ب لڑکی سامنے تھی ۔

" موریلا " پادری نے کہا " اُسے جزیرے میں کیا کام ہے ؟ "

انٹونیو نے جواب میں اپنے شانے ہلا دئے ۔ لڑکی برابر تیزی سے بڑھی چلی آتی تھی۔ اُس کی نظریں کشتی پر لگی تھیں ۔

"اخاہ! غصہ ور پری! سلام!" بعض ماہی گیر اور ملاح چلائے۔

دوشیزہ نے حقارت کے ساتھ انہیں دیکھا۔ کسی کو کوئی جواب نہیں دیا۔ اُس کی تیوری پر بَل پڑے تھے۔ غصہ سے منہ تمتما رہا تھا۔ اگر وہاں پادری موجود نہ ہوتا تو ملاح اسے ضرور چھیڑتے۔

"صبح بخیر! موریلا!" پادری نے کہا "کیسی ہو؟ ہمارے ساتھ جزیرے چلنی ہو؟"

"اگر مقدس باپ کی اجازت ہو" موریلا نے ادب سے جواب دیا۔

"انٹونیو سے اجازت لو"، پادری نے کہا "کشتی اس کی ہے۔ ہر آدمی اپنا مالک ہے، اور خدا سب آدمیوں کا مالک ہے۔"

"یہ میرے پاس چار پیسے موجود ہیں، اگر کرایہ کو کافی ہوں" موریلا نے انٹونیو کی طرف دیکھے بغیر کہا۔

"تمہاری ضرورت مجھ سے زیادہ ہے" انٹونیو نے جواب دیا اور نارنگی کی ٹوکریاں ہٹا کر جگہ نکالنے لگا۔ نوجوان ملاح جزیرے میں نارنگی لے جاکر بیچا کرتا تھا۔ کیونکہ صرف کشتی کے کرایہ سے کافی آمدنی نہیں ہوتی تھی۔

"لیکن میں مفت نہیں جاؤں گی" موریلا نے خفگی سے کہا۔ اب اُس کے چہرے اور سیاہ آنکھوں میں غصہ کی حدت نمایاں تھی۔

"بیٹی چلی آ"، پادری نے دوشیزہ سے شفقت کے لہجہ میں کہا "انٹونیو اچھا لڑکا ہے۔ وہ تیرے تھوڑے سے پیسے لینا نہیں چاہتا (پادری نے لڑکی کی طرف سہارا دینے کے لئے ہاتھ بڑھادیا) دیکھ اس نے تیرے لئے اپنی چادر بچھادی ہے۔ سب جوان ایک ہی قسم کے ہوتے ہیں۔ ایک لڑکی کے لئے اُتنا کرتے ہیں جتنا اپنے دس پادریوں کے لئے بھی نہیں کرتے۔ حالانکہ ہمیں "مقدس باپ" بھی کہتے ہیں! نہیں، نہیں، انٹونیو! معذرت کی ضرورت نہیں۔ مَیں تم سے ناخوش نہیں ہوا۔ خدا کی مشیت یہی ہے کہ ہر کوئی اپنے ہم جنس کی طرف جھکے!"

اب موریلا کشتی میں اتر چکی تھی۔ وہ پادری کے قریب بیٹھ گئی۔ لیکن انٹونیو کی چادر دُور ہٹا کے۔ انٹونیو اس حرکت پر کچھ بڑبڑایا اور کشتی روانہ ہوئی

"اس گٹھڑی میں کیا ہے؟" پادری نے دوشیزہ سے پوچھا۔
اب سورج نمودار ہو رہا تھا۔ اس کی روپہلی کرنیں ان مسافروں پر پڑ رہی تھیں۔
"ریشم زربفت، اور روئی" لڑکی نے جواب دیا۔ "ریشم اور زربفت جزیرے میں بک جائے گا۔ روئی میں کھا لوں گی"

"مجھے یاد پڑتا ہے تم نے کپڑا بننا بھی سیکھا تھا؟" پادری نے پھر سوال کیا۔
"ہاں۔ لیکن میری ماں کی بیماری مجھے گھر سے نکلنے نہیں دیتی کہ اس ہنر کی اچھی طرح مشق کروں۔ خود میرے پاس اتنا روپیہ نہیں کہ گھر میں بُننے کا سامان جمع کروں" لڑکی نے حسرت سے جواب دیا۔

"اب اُس کا کیا حال ہے؟" پادری نے گہری ہمدردی سے کہا "آہ! بیچاری نے بڑی تکلیف اُٹھائی۔ پچھلی دفعہ جب میں نے دیکھا تھا تو ذرا اچھی تھی"

"یہ موسم ہمیشہ اُسے تکلیف دیتا ہے" لڑکی نے نا اُمیدی کے لہجہ میں جواب دیا۔
"دُعا کر! بیٹی، دُعا کر!" پادری نے زور دیکر کہا "کبھی نماز سے غافل نہ ہو۔ دُعا سے باز نہ آ۔ شاید خدا سُن لے۔ نیک بن، نیک! تاکہ تیری دُعائیں قبول ہوں"

"مورپلا نے کوئی جواب نہیں دیا۔ چند لمحہ کی خاموشی کے بعد پادری نے پھر کہا۔
"مورپلا! میں نے ابھی سُنا کہ ملّاح تجھے "غضب ناک" کے لقب سے پکار رہے تھے۔ یہ کیوں؟ یہ لقب تو مسیحی دوشیزہ کے لئے کچھ اچھا لقب نہیں، تجھے حلیم اور خوش مزاج ہونا چاہیئے۔"

دوشیزہ کے کُندنی چہرے پر غصّہ کے آثار ظاہر ہوئے۔ اُس کی آنکھیں تیزی سے چمکنے لگیں:

"وہ اِسی طرح مجھے چڑھاتے ہیں" لڑکی نے خفگی سے کہا "وہ مجھے روز چھیڑتے ہیں کیونکہ میں اور لڑکیوں کی طرح گاتی، ناچتی، اور ان سے ہنسی مذاق نہیں کرتی ہوں۔ وہ میرے پیچھے کیوں پڑے ہیں؟ میں نے اُن کا کیا بگاڑا ہے؟"

"صحیح ہے" پادری نے سنجیدہ ہو کر کہا "لیکن تمہیں بہر حال مہذّب ہونا چاہئے۔

لوگوں کو ناچنے گانے دو، ورنہ زندگی ناقابلِ برداشت ہو جائے گی ۔ میٹھی زبان میں بہت بھلائی ہے ۔"

دوشیزہ نے اپنی لمبی کالی پلکیں جھکا دیں، گویا اپنی آنکھوں کا راز ظاہر نہیں ہونے دینا چاہتی ۔

پھر خاموشی چھا گئی ۔ اب دُور افق میں سورج طلوع ہو چکا تھا ۔ پہاڑوں کی چوٹیاں چمک اُٹھیں ۔ سورنتو کی خلیج کے چھوٹے چھوٹے سفید مکان نارنگی کے باغوں میں صاف نظر آرہے تھے ۔ صرف ویزدویس کے کنارے کنارے بدلی کے چند ٹکڑے ہل رہے تھے ۔

"موریلا !" پادری نے پھر گفتگو شروع کی ۔ "لوتول مصور کی بھی کچھ خبر ہے ؟"

موریلا نے اپنے نازک مونڈھے ہلا کر انکار کیا ۔

"وہ تمہاری تصویر اُتارنا چاہتا تھا، تم نے انکار کیوں کیا ؟" پادری نے پھر سوال کیا ۔

"میری تصویر کیوں ؟" دوشیزہ نے جھنجھلا کر جواب دیا "کیا مجھ سے زیادہ خوبصورت عورتیں موجود نہیں ؟ کون جانتا ہے میری تصویر لے کر کیا کرتا ؟ شاید جادو کر دیتا ۔ مجھے تکلیف دیتا ۔ قتل کر ڈالتا ۔ میری ماں یہی کہتی تھی ۔"

"ہُش !" پادری نے خلوص سے کہا "فضول نہ بکو ۔ کیا تم خدا کی اماں میں نہیں ہو ؟ کیا خدا کے حکم کے بغیر ایک ذرّہ بھی ہل سکتا ہے ؟ کوئی انسان بھی تیرا رُواں میلا نہیں کر سکتا ۔ پھر وہ تو تجھ پر عاشق تھا، ورنہ شادی کی درخواست کیوں کرتا ؟"

لڑکی نے کوئی جواب نہ دیا ۔

"تم نے شادی کیوں نامنظور کی ؟" نیک دل پادری نے سوال کیا "لوگ کہتے ہیں شریف و معقول آدمی تھا ۔ تیری اور تیری ماں کی خبر گیری کرتا ۔ ریشم بیچنے سے کہیں زیادہ تم فائدے میں رہتیں "

"ہم بالکل فقیر ہیں،" لڑکی نے بڑے تاثر سے جواب دیا "میری ماں مدّت سے بیمار ہے ۔ ہم اس پر بوجھ ہوتے ۔ پھر میں عزت دار خاتون بننے کے لائق نہیں ہوں ۔ اپنے

دوستوں کے سامنے وہ مجھے دیکھ کر ضرور شرمندہ ہوتا ۔"

"کیا کہتی ہو ؟" پادری نے خیر خواہی سے کہا "میں کہتا ہوں وہ بہت اچھا آدمی تھا۔ شاید تمہارے ساتھ سورنتو ہی میں رہ جاتا ایسا شوہر ملنا مشکل ہے ۔"

"میں شوہر نہیں چاہتی" موریلا نے بہت آہستہ سے مگر یقین کے لہجہ میں کہا "میں کبھی شادی نہیں کروں گی !"

"کیا رہبانیت اختیار کرنے کا ارادہ ہے ؟" پادری نے تعجب سے سوال کیا ۔

دوشیزہ نے سر کے اشارے سے انکار کیا ۔

"لوگ ٹھیک کہتے ہیں کہ تو ضدی ہے" پادری نے جوش سے کہا "تیری ہٹ بہت سخت ہے ۔ ایک لمحہ کے لئے سوچ، تیری یہ ضد کتنی خطرناک ہے ؟ یہ تیری مصیبت میں اضافہ کرنے والی ہے ۔ تیری ماں کی بدنصیبی بڑھانے والی ہے ۔ کیا تیرے پاس کوئی ایک وجہ بھی ہے کہ ایسے شریف آدمی کو رد کر دیتی ہے ؟ جواب دے ۔"

"میرے پاس وجہ ہے" موریلا نے دبی زبان سے کہا "مگر میں بیان نہیں کروں گی"

"بیان نہیں کروں گی !" پادری نے خفا ہو کر اس کا جملہ دہرایا "مجھ سے بیان نہیں کروگی ؟ میں، جو تیرا پادری ہوں ۔ تو خوب جانتی ہے تیرا خیر خواہ ہوں ۔ کیا یہ صحیح نہیں ؟"

موریلا نے سر ہلا کر اقرار کیا ۔

"تو اپنا راز مجھ پر ظاہر کر" پادری نے شفقت سے کہا "اگر وجہ ٹھیک ہوگی تو میں سب سے پہلے تائید کروں گا ۔ تم ابھی بہت کم عمر ہو ۔ اس دنیا سے بالکل بے خبر ہو ۔ ایک زمانہ آئے گا جب یہ زریں موقعہ کھو دینے پر افسوس کروگی ۔ معلوم ہوتا ہے، خدا نے رحم کھا کر اس شخص کو تمہارے گھر پر بھیجا تھا"

موریلا نے شرمائی ہوئی نظریں اٹھائیں اور کشتی کے سرے پر دیکھنے لگی جہاں انٹونیو کی نگاہیں دور افق پر جمی تھیں اور اپنے خیالات میں غرق تھا ۔ پادری نے دوشیزہ کو بغور دیکھا ۔ اپنا کان اس کے قریب کر دیا "آپ میرے باپ کو نہیں جانتے" لڑکی نے نہایت اداسی سے پادری کے کان میں کہا ۔

"تیرا باپ؟" پادری چلا اُٹھا "کیوں نہیں؟ تو ابھی دس برس کی بھی نہ تھی کہ خدا نے اُسے بُلا لیا۔ آسمان کی بادشاہت میں اُسے جگہ ملے! اپنی اس ضد میں اُس کا ذکر کیوں کرتی ہے؟"

"آپ نہیں جانتے" لڑکی نے زور دے کر کہا "آپ کو نہیں معلوم میری ماں کی تمام بیماری کا وہی اکیلا سبب ہے"

"کیونکر؟" پادری نے تعجب سے سوال کیا۔

"اپنی بے رحمی سے" موربلا نے فوراً جواب دیا "آخری وقت تک میری ماں کو مارتا رہا۔ مجھے وہ راتیں اب تک یاد ہیں۔ وہ ایک عجیب جنون کی حالت میں گھر آتا تھا۔ میری ماں ایک لفظ بھی نہیں کہتی تھی۔ مگر وہ مارنا شروع کر دیتا تھا۔ آہ! میرا دل اب بھی رنجیدہ ہوتا ہے! میں اپنا منھ دونوں ہاتھوں سے چھپا لیتی تھی اور پڑی رہتی تھی۔ لیکن اندر ہی اندر روتی رہتی۔ وہ میری ماں کو مارتے مارتے آخر تھک جاتا غریب بیہوش ہو کر گر پڑتی تھی۔ وہ اُسے دیر تک غور سے دیکھتا پھر نہیں معلوم اُس کے دل میں کیا خیال پیدا ہوتا کہ دوڑ کر اُسے اٹھاتا اور سینے سے لگا کر پیار کرنے لگتا۔ اتنے زور سے دابتا تھا کہ اُس کے منھ سے چیخ نکل جاتی تھی لیکن اِس تمام ظلم پر بھی میری ماں کبھی خفا نہیں ہوتی۔ بلکہ مجھے بھی منع کرتی رہتی تھی کہ کسی سے اس کا ذکر نہ کروں۔ میری ماں کو اُس سے بَلا کی محبت تھی۔ اس سختی پر بھی وہ اُسی کا کلمہ پڑھتی رہتی۔ جب سے وہ مرا ہے، یہ بھی بیمار ہو گئی ہے۔ اُسے غم کھائے جاتا ہے۔ اگر مر گئی۔ خدانخواستہ۔ تو میں جانتی ہوں اُس کا قاتل کون ہے"

پادری سناٹے میں پڑ گیا۔ تعجب سے سر ہلانے لگا۔ کچھ سمجھ میں نہیں آتا تھا، اِس عجیب لڑکی کو کیونکر قائل کرے۔

"اپنے باپ کو معاف کر دو!" بالآخر پادری نے کہا "اُسی طرح معاف کر دو، جس طرح تمہاری ماں نے معاف کر دیا ہے۔ پرانی باتوں کی تکلیف دہ یاد دُور کرو۔ مستقبل میں تمہارے اچھے دن آئیں گے اور تمام مصیبتیں بھُلا دیں گے۔"

"نہیں، نہیں!" موربلا نے جوش سے کہا "میں کبھی نہیں بھول سکتی، یہی وجہ

ہے کہ میں نے عمر بھر کنواری رہنے کا ارادہ کر لیا ہے۔ ہرگز کسی مرد کی کنیز نہیں بنوں گی۔ یہ مرد پہلے مارتے ہیں، پھر پیار کرتے ہیں لیکن میرے ساتھ کوئی یہ حرکت نہیں کر سکتا۔ مجھ سے جو مرد بھی محبت کی درخواست کرے گا، اُس کا منہ توڑ دوں گی۔ لیکن میری ماں بالکل بے بس تھی۔ وہ نہ مار کا مقابلہ کر سکتی تھی، نہ پیار کا۔ وہ اُس سے محبت کرتی تھی۔ میں ہرگز کسی مرد سے محبت نہیں کروں گی۔"

"تم بالکل بچہ ہو!" پادری نے مسکرا کر کہا "دنیا کو کچھ بھی نہیں جانتی، اس لئے بچوں کی سی باتیں کرتی ہو۔ کیا سب مرد تمہارے باپ ہی کے سے ہیں؟ کیا تم نے کبھی کوئی اچھا آدمی نہیں دیکھا؟ کیا دنیا میں ایسی خوش نصیب بی بیاں نہیں ہیں جو اپنے شوہروں کے ساتھ عیش و آرام سے رہتی ہیں؟"

"کچھ ہو" موریلا نے زور دے کر کہا "میرے ماں باپ کا حال کوئی نہیں جانتا۔ میری ماں مر جانا پسند کرتی تھی مگر اُس کی شکایت پسند نہیں کرتی تھی۔ یہ صرف محبت کی وجہ سے۔ اگر محبت یہی ہے۔ اگر محبت، زبان گونگی کر ڈالتی ہے۔ اگر محبت ایسی سخت مصیبت لاتی ہے، تو میں ہرگز ہرگز کسی مرد سے محبت نہیں کروں گی۔"

"میں نے کہہ دیا تم ایک بچے سے کچھ زیادہ نہیں" پادری نے کہا "تم بے معنی باتیں کرتی ہو۔ جب وقت آجائے گا، تمہاری رائے اور پسند نہیں پوچھی جائے گی۔ تم محبت کی زنجیر میں اپنی مرضی کے خلاف بھی جکڑ دی جاؤ گی۔"

موریلا خاموش رہی۔

"کیا تمہارے خیال میں یہ مصور بھی سنگ دل تھا؟" پادری نے پھر سوال کیا۔

"اُس کی نظریں بالکل ویسی ہی تھیں جیسے میرے باپ کی ہو جایا کرتی تھیں جب وہ میری ماں کی خوشامد کرتا تھا۔ میں وہ نظریں خوب پہچانتی ہوں۔ ایک مرد اس طرح کی نظروں سے دیکھتا بھی ہے، اور پھر عین اسی وقت اپنی بے خطا بیوی کو مار کے ادھ موا بھی کر دے سکتا ہے۔ مجھے ایسی نظروں سے بڑا ہی ڈر لگتا ہے۔"

موریلا اب بالکل چپ ہو گئی۔ پادری نے بھی اسے چھیڑنا مناسب نہیں سمجھا۔ اُس

کے ذہن میں اب بہت سی معقول دلیلیں آگئی تھیں مگر وہ چپ ہی رہا۔ کیونکہ نوجوان ملّاح کا چہرہ یہ گفتگو سُن کر غصّہ سے لال ہو رہا تھا۔

دو گھنٹے کے سفر کے بعد کشتی جزیرے کے گھاٹ پر پہونچ گئی۔ انٹونیو نے پادری کو گود میں اُٹھالیا اور گھٹنوں گھٹنوں پانی میں چل کر اُسے خشکی پر اُتار دیا۔ لیکن موریلا نے اُس کا انتظار نہیں کیا۔ اُس نے ایک ہاتھ میں اپنی کھڑاؤں لی، دوسرے میں نیچی دبائی اور گھٹنوں تک کپڑے اُٹھا، ساحل پر پہونچ گئی۔

"میں یہاں کچھ مدّت ٹھہروں گا" پادری انٹونیو سے کہہ رہا تھا "انتظار کی ضرورت نہیں۔ شاید میں کل سے پہلے لوٹ نہ سکوں گا۔ موریلا! (دوشیزہ کی طرف مخاطب ہوکر) گھر لوٹ کر اپنی ماں کو سلام کہدینا۔ اسی ہفتہ میں ملاقات کو آؤں گا۔ کیا رات سے پہلے واپس جاؤگی؟"

"اگر ممکن ہوا" لڑکی نے اپنے کپڑے ٹھیک کرتے ہوئے مختصر جواب دیا۔

اب انٹونیو بولا:

"لیکن مجھے لوٹنا ضروری ہے" اُس نے مضطرب آواز سے کہا "تاہم میں شام تک انتظار کروں گا۔ اگر آپ نہ آئے ــــ میرے لئے برابر ہے"

"موریلا!" پادری نے کہا "تم ضرور واپس جانا۔ رات بھر ماں کو اکیلا چھوڑنا مناسب نہیں"

موریلا نے کوئی جواب نہیں دیا۔ وہ آگے بڑھی۔ پادری کا ہاتھ چوما اور اس طرح سلام کیا کہ ملّاح بھی اُس کا مخاطب تھا۔ لیکن انٹونیو نے اُس کی طرف کوئی توجہ نہ کی۔ ٹوپی اُٹھا کر صرف پادری کو تعظیم دی۔ دونوں دو مختلف راستوں پر روانہ ہوگئے۔ انٹونیو تھوڑی دیر تک پادری کو دیکھتا رہا۔ پھر موریلا پر نظر جما دی، جو دھوپ سے بچنے کے لئے آنکھوں پر ہاتھ رکھے چلی جارہی تھی۔ راستہ کی موڑ پر پہونچ کر موریلا ٹھہری اور بلندی پر سے گھوم کر پیچھے دیکھنے لگی۔ اُس کے سامنے خاموش سمندر نیلگوں فرش بچھائے پھیلا ہوا تھا۔ صبح کے سورج کی دلفریب شعاعیں اس کی سطح پر لوٹ رہی تھیں۔ آسمان صاف شفاف تھا۔ واقعی منظر

شاعرانہ اور جذبات انگیز تھا۔ لیکن ۔ قسمت کا کرشمہ دیکھو ۔ موریلا کی نظریں اٹھتے ہی انٹونیو کی چمکیلی نظروں سے جا لڑیں ۔ دونوں گھبرا سے گئے ۔ بیک وقت دونوں میں ایک ایسی جنبش ہوئی گویا انہوں نے کوئی غلطی کی ہے اور اسے چھپانا چاہتے ہیں !

موریلا تیزی سے مڑی اور نظروں سے اوجھل ہو گئی ۔

(۲)

انٹونیو کو ماہی گیروں کے شراب خانے میں بیٹھے کئی گھنٹے ہو گئے وہ از حد مشغول معلوم ہوتا تھا۔ بار بار اٹھتا تھا اور تمام راستوں پر نظر ڈال کے لوٹ آتا تھا ۔

موسم میں تبدیلی شروع ہو گئی ۔ وہ خیال کرنے لگا اگر رات سے پہلے ہی موسم بدل گیا تو " وہ " جلد واپسی پر مجبور ہو گی ۔

" تمہارے یہاں سیاح بہت آتے ہیں ؟ " شراب خانے کی مالکہ نے اس سے سوال کیا ۔

" اس سال فصل بہت خراب تھی ۔ اب آنا شروع ہوئے ہیں " انٹونیو نے جواب دیا ۔

" اب کی موسم بہار بھی دیر میں آئے گا " شراب خانے کی مالکہ نے کہا " تمہارے یہاں آمدنی اس جزیرے سے زیادہ ہے ؟ "

" پیٹ بھر روٹی بھی نہ ملتی ، اگر یہ کشتی میرے پاس نہ ہوتی " انٹونیو نے خشکی سے جواب دیا " لیکن میرا چچا ، نارنگی کے کئی باغوں کا مالک ہے ۔ وہ کہا کرتا ہے جب تک میں زندہ ہوں ، تجھے کوئی تکلیف نہیں ہو گی ۔ مرتے وقت بھی تجھے نہیں بھولوں گا ! "

" اس مالدار چچا کے اولاد بھی ہے ؟ " عورت نے سوال کیا ۔

" نہیں " انٹونیو نے کہا " اس نے شادی ہی نہیں کی ۔ دوسرے ملکوں میں رہ کر بہت دولت جمع کر لی ۔ وہ عنقریب ایک شکار خانہ بنانے والا ہے اس کا انتظام میرے ہی ہاتھ میں دے گا "

" انٹونیو ! تم بڑے جواں مرد ہو " عورت نے خوشامد سے کہا ۔

"زندگی سب کے لئے کٹھن ہے" ، نوجوان ملاّح نے نشّا نے ہلاکر کہا اور باہر نکل کے پھر تمام راستے اور آسمان دیکھنے لگا۔ حالانکہ خوب جانتا تھا، موسم معلوم کرنے کے لئے ہر طرف دیکھنے کی ضرورت نہیں!

"میں ایک اور بوتل لاتی ہوں" شراب فروش عورت نے کہا "تمہارا چچا تو دام ادا ہی کر دے گا"

"نہیں" انٹونیو نے انکار کیا "پہلی ہی بوتل نے سر چکرا دیا ہے"

وہ یہ کہنے ہی پایا تھا کہ کسی کی چاپ سُنائی دی۔ نوجوان ملاّح فوراً پہچان گیا۔ پاؤں کی اسی آواز کے لئے وہ دن بھر ہمہ تن گوش بنا رہا تھا۔ موریلّا سامنے کھڑی تھی۔

انٹونیو تیزی سے کھڑا ہو گیا:

"مجھے فوراً جانا ہے" اُس نے شراب خانے کی مالکہ سے کہا۔

چشم زدن میں وہ اپنی کشتی پر تھا۔ موریلّا، بدستور کھڑی تھی۔ کچھ متردد سی تھی۔ بالآخر اس نے بھی شراب فروش عورت کو سلام کیا اور گھاٹ پر پہونچ گئی۔ وہ اب بھی چاروں طرف دیکھ رہی تھی۔ شاید کسی اور مسافر کو ساتھ لینے کا خیال کر رہی تھی۔ لیکن کوئی نظر نہ آیا۔ سمندر ٹھنڈا تھا۔ ماہی گیر سو رہے تھے یا اپنے جال درست کرنے میں ایسے مصروف تھے کہ کسی نے توجہ نہ دی۔

انٹونیو، ایک لمحہ چپ کھڑا رہا۔ اُس کی آنکھیں غیر معمولی طور پر چمک رہی تھیں۔ آخر وہ کشتی سے کنارے آیا اور کچھ کہے بغیر موریلّا کو اس طرح گود میں اُٹھا لیا گویا ایک چھوٹا سا بچہ ہے۔

موریلّا کشتی کے بالکل آخر میں جا کر بیٹھی۔ اُس نے اپنے سر اس قدر جھکا لیا کہ صرف آدھا چہرہ دکھائی دیتا تھا۔ اُس کے بال ہوا میں اُڑ رہے تھے اور چشم و ابرو کو چھپا لیتے تھے۔ خوبصورت ناک کھڑی دکھائی دیتی تھی۔

وہ غیظ و غضب سے لبریز تھی!

سمندر میں کچھ دُور جانے کے بعد ڈوبتے ہوئے سُورج کی تپش اُسے محسوس ہوئی۔

اس نے گٹھڑی کھولی اور رومال نکال کر سر پر باندھ لیا۔ پھر روٹی کھانے لگی کیونکہ صبح سے بالکل بھوکی تھی۔

اب تک دونوں بالکل خاموش تھے۔ انٹونیو نے موریلا کو روکھی روٹی کھاتے دیکھ کر ٹوکری سے دو نارنگیاں نکال کر بڑھائیں۔

"موریلا!" ملاح نے لڑکھڑائی آواز میں کہا "روٹی اس کے ساتھ کھاؤ۔ یہ نہ سمجھنا میں نے یہ نارنگیاں تمہارے لئے بچا رکھی تھیں۔ یہ ٹوکری سے گر گئی تھیں۔ لوٹنے پر نظر آئیں"

انٹونیو، اس وقت جھوٹ بول رہا تھا!

"تم ہی کھاؤ" لڑکی نے غصہ سے کہا "میرے لئے روٹی کافی ہے"

"اس گرمی میں نارنگی اچھی ہوتی ہے، تم بہت چل کر آئی ہو" انٹونیو نے کہا۔

"میں پانی پی چکی ہوں" غصہ ور لڑکی نے خشکی سے جواب دیا۔

"خیر" ملاح نے کہا اور پھر خاموشی چھا گئی۔

اس وقت سمندر بالکل خاموش اور آئینہ کی طرح شفاف تھا۔ ہر طرف سناٹا تھا، حتیٰ کہ ساحل پر اڑنے والی چڑیاں بھی اس پُرجلال منظر کے سامنے ساکت تھیں۔ صرف کشتی سے موجوں کے ٹکرانے کی آواز سنائی دیتی تھی۔

"تم اپنی ماں کے لئے نارنگیاں لے جا سکتی ہو" انٹونیو نے آنکھیں نیچی کر کے کہا۔

"گھر میں نارنگیاں رکھی ہیں،" لڑکی نے پھر خفگی سے جواب دیا "جب ختم ہو جائیں گی تو میں اور خرید سکتی ہوں"

"ٹھیک ہے،" ملاح نے شرمندہ ہو کر کہا "لیکن یہ نارنگیاں میری طرف سے اپنی ماں کو دیدینا، میرا سلام کہہ دینا"

"وہ تمہیں نہیں جانتی" موریلا نے جھنجھلا کر کہا۔

"تم میرا تعارف کر دینا" انٹونیو نے پھر کہا۔

"میں بھی تمہیں نہیں جانتی"، لڑکی کا صاف جواب تھا۔

یہ پہلا موقعہ نہ تھا کہ موریلا نے ملاح سے لاعلمی کا اظہار کیا۔ اِس سے پہلے کا واقعہ ہے کہ ایک اتوار کو موریلا کا عاشق (مصور) جب گاؤں میں آیا اور پہلی مرتبہ اِس لڑکی کو دیکھا، تو مبہوت ہوکر اُس کے حسن وجمال کا نظارہ کرنے لگا۔ عین اُسی وقت انٹونیو اپنے دوستوں کے ساتھ فٹ بال کھیل رہا تھا، مصور اپنے خیالات میں محو تھا کہ انٹونیو نے جان بوجھ کر گیند اب مار کر غریب کے سر پر زور سے لگا۔ اتنا ہی نہیں بلکہ اُس مظلوم سے لڑنے کے لئے بھی آمادہ ہوگیا۔

کئی ہفتے بعد جب موریلا نے شادی کی درخواست نامنظور کردی تو مصور نے چلتے وقت کہا "میں جانتا ہوں، اُس نوجوان کی وجہ سے تم مجھے سوکھا جواب دے رہی ہو" مگر موریلا نے اس وقت بھی یہی کہا:

"ہرگز نہیں، میں اُسے پہچانتی تک نہیں"

حالانکہ وہ گیند کے واقعہ سے واقف ہو چکی تھی اور انٹونیو کو پوری طرح جانتی تھی۔ آج اس وقت دونوں کشتی میں ہیں۔ تنہا ہیں — اس طرح بیٹھے ہیں گویا حریف ہیں۔ حالانکہ دونوں کے دل بُری طرح دھڑک رہے ہیں!

انٹونیو، وہ ہمیشہ کا ہنس مکھ نوجوان، اِس وقت، فرطِ تاثر سے سُرخ ہو رہا ہے۔ بڑی ہی قوت سے کشتی کھِے رہا تھا۔ پانی کے قطرے اُڑ کر موریلا پر گرتے تھے ساتھ ہی کچھ غصے میں بڑبڑا بھی رہا تھا۔

موریلا اِس طرح بیٹھی تھی گویا اُسے دیکھ ہی نہیں رہی ہے۔ بڑی ہی بے پروائی سے کشتی کا کنارہ دیکھ رہی تھی اور ہاتھ نیچا کئے پانی سے کھیلتی جاتی تھی۔ پھر اُس نے اپنے سر کا رومال کھول ڈالا۔ ایک ہاتھ سے بال درست کرنے اور دوسرے سے رخسار پانی سے تر کرنے لگی وہ اس انداز سے بیٹھی تھی، گویا کوئی دوسرا وہاں موجود ہی نہیں ہے۔

کشتی، کھُلے سمندر میں پہونچی۔ جزیرہ نظر سے اوجھل ہوگیا۔ سورنٹو کا کنارہ بھی دور ہے۔ قرب وجوار میں کوئی اور کشتی بھی دکھائی نہیں دیتی۔

انٹونیو نے چاروں طرف دیکھا۔ اُس کے تیور ایسے ہوگئے گویا کوئی عزم مصمم کر چکا ہے۔

اس کے رخسار کی سرخی غائب ہوگئی۔ زردی چھاگئی۔ اُس نے اچانک ڈانڈے سے ہاتھ اُٹھالیے۔

موریلا نے اُسے دیکھا۔ بغیر کسی خوف، مگر ہوشیاری سے۔

"اب فیصلہ ہو جانا چاہیے" انٹونیو یکایک چلایا "یہ کھیل بہت ہو چکا تعجب ہے میں اب تک زندہ کیسے ہوں؟ تم کہتی ہو مجھے نہیں جانتی! حالانکہ اس تمام زمانے میں مجھے دیکھتی رہی ہو کہ پاگلوں کی طرح تمہارے پیچھے پھرتا ہوں۔ میرا دل پھٹا جاتا ہے۔ اپنا دکھ کہنا چاہتا ہوں، مگر تم حقارت سے ہمیشہ بے پروائی دکھاتی ہو۔ گویا میں کوئی ہستی ہی نہیں رکھتا!"

"کیا؟" لڑکی نے پیشانی پر بل ڈال کر کہا "مجھ سے کیا چاہتے ہو؟ ہاں میں دیکھتی تھی تم مجھ سے متعارف چاہتے ہو۔ لیکن میں بلاسبب لوگوں کی چہ میگوئیوں کا نشانہ بننا نہیں چاہتی تھی۔ خصوصاً جبکہ میں تمہیں اپنا شوہر بنانا نہیں چاہتی ــــ نہ تمہیں، نہ کسی اور انسان کو"

" نہ کسی انسان کو!" انٹونیو نے دانت پیس کر کہا "تم ہرگز یہ نہیں کہہ سکتیں، صرف اسی وقت کہہ رہی ہو، کیونکہ اُس مصور سے شادی پسند نہیں کی۔ لیکن تم نا سمجھ ہو۔ آج نہیں تو مستقبل میں تمہیں شادی کرنی ہی پڑے گی۔ مصور نہ سہی، کسی اور کو شوہر بناؤ گی"

"کون جانتا ہے؟" موریلا نے سنجیدگی سے کہا "مستقبل کو کوئی نہیں جان سکتا۔ ممکن ہے میں اپنا خیال بدل دوں۔ لیکن تمہیں اس کی فکر کیوں ہے؟"

"مجھے فکر کیوں ہے؟" انٹونیو چلایا۔ بیچ کشتی میں کھڑا ہو گیا۔ کشتی دائیں بائیں جھکنے لگی "مجھے فکر کیوں ہے؟ یہ تم کہتی ہو؟ خوب جانتی ہو! قسم کھا کر کہتا ہوں جس شخص کو بھی مجھ پر ترجیح دوگی، اُس کی جان میرے ہاتھ سے جائے گی! میں برداشت نہیں کرسکتا! برداشت نہیں کرسکتا!"

"کیا؟" موریلا نے پیشانی پر بل ڈال کر کہا "کیا میں تم سے کوئی وعدہ کر چکی ہوں۔ اگر تم پاگل ہو جاؤ تو میرا کیا قصور ہے؟ تمہیں مجھ پر کیا حق حاصل ہے؟"

"آہ! حق!" ملاح نے جوش سے چلّانا چاہا مگر اُسے رونا آگیا۔ آواز رک گئی "بیشک میرا حق کہیں لکھا ہوا نہیں ہے۔ کسی حاکم نے مانا نہیں ہے۔ کسی وکیل نے ثابت نہیں کیا ہے۔ کسی انسان نے جانا بھی نہیں ہے۔ لیکن میں محسوس کرتا ہوں، میں جانتا ہوں کہ تم پر میں

حق رکھتا ہوں ، ٹھیک اسی طرح جس طرح آسمان (جنت) میں میرا حق ہے اگر میں مسیحیت پر مرجاؤں ۔ کیا تم سمجھتی ہو کہ میں تمہیں کسی دوسرے شخص کے ساتھ گرجے میں جاتے دیکھوں گا اور خاموش رہوں گا ؟ کیا میں برداشت کرسکتا ہوں کہ گاؤں کی لڑکیاں تانے بلاکر میرا مذاق اُڑائیں ؟"

" جو جی چاہو کرو " لڑکی نے سکون سے جواب دیا " میں تمہاری دھمکیوں سے ڈر نہیں سکتی ۔ میں آزاد ہوں ، جو میرے جی میں آئے گا ، کروں گی "

انٹونیو غصّہ سے دیوانہ ہوگیا ۔ اُس کا تمام بدن کانپنے لگا :

" پھر کبھی نہ کہنا " ملاّح چلاّیا " میں وہ نہیں ہوں کہ تیری جیسی ایک لڑکی میری زندگی برباد کرڈالے ۔ تو اس وقت میرے بس میں ہے ۔ اچھی طرح سمجھ لے ۔ میرا حکم ماننا ہوگا !"

موریلا نے کوئی جواب نہیں دیا ۔ لیکن اسکی آنکھیں غصّہ سے لال ہوگئیں ۔ اس نے ملاّح کو جرأت سے دیکھا :

" ہمّت ہو تو مار ڈالو " اُس نے پُورے سکون سے کہا ۔

" جو کہتا ہوں ، وہی کرتا ہوں ، انٹونیو نے زور سے کہا ، مگر اُس کی آواز بھرّا گئی " یہاں سمندر کی تہ میں ہم دونوں کی جگہ ہے ۔ معزز خاتون! میں اس سے باز نہیں رہ سکتا "

اُس نے یہ لفظ بڑی حسرت و تکلیف سے کہے ۔ اس کا چہرہ بالکل دیوانوں کا سا ہوگیا تھا ۔

" لیکن " اس نے پھر کہا " ہمیں ساتھ ہی چلنا چاہئے ۔ ابھی چلنا چاہئے ۔ فوراً چلنا چاہئے " یہ کہہ کر وہ تیزی سے آگے بڑھا اور موریلا کو اٹھا لینا چاہا ۔ مگر فوراً ہی اسی تیزی سے اپنا داہنا ہاتھ تھامے پیچھے ہٹ گیا ۔ اس کے ہاتھ سے خون کا فوارہ چھوٹ رہا تھا ۔ موریلا نے اسے پوری قوت سے کاٹ کھایا تھا ۔

"ہا! ہا" موریلا قہقہہ مار کر ہنسی :

" مجھے تیرا حکم ماننا پڑے گا ؟" وہ جوش سے چلائی " میں تیری لونڈی ہوں ؟ "

یہ کہہ کر وہ خود سمندر میں پھاند پڑی - ملاح کی نظروں سے غائب ہوگئی پھر نمودار ہوئی - اُس کے کپڑے جسم سے چمٹ گئے تھے - بال کھُل گئے تھے بڑی طاقت و مہارت سے پیر رہی تھی - اُس نے کوئی لفظ نہیں کہا - کشتی سے دُور ہونے لگی ساحل کی طرف جانے لگی -

۷ / اکتوبر ۱۹۲۷ء

## ( ۳ )

انٹونیو، لڑکی کے غرق ہونے کے خوف سے سناٹے میں آگیا - وہ بُت بنا کھڑا تھا - اُس کے دماغ میں کوئی خیال بھی باقی نہیں رہا تھا، آسمان پر نظر جمائے اِس طرح کھڑا تھا، گویا کسی معجزے کا انتظار کر رہا ہے !

آخر کار اُس کے حواس درست ہوئے - اُس نے ڈانڈ اُٹھائی اور پوری قوت سے کشتی، لڑکی کی طرف لے چلا - اُس کی آنکھیں لڑکی پر جمی تھیں - اُسے بالکل خیال نہ رہا کہ اُس کے ہاتھ سے خون کا فوّارہ بہہ رہا ہے -

موریلا بڑی تیزی سے پیرتی چلی جاتی تھی مگر کشتی اُس کے قریب پہونچ ہی گئی -

" خدا کے لئے کشتی پر آجاؤ !" انٹونیو چلّایا " میں دیوانہ ہوگیا تھا - خدا جانے میری عقل پر کیسے پتھر پڑگئے تھے - گویا مجھ پر بجلی گر گئی تھی - میرے سینے میں آگ کا

تنور جل اٹھا تھا۔ مورَیلا! میں معافی تک کی درخواست نہیں کر سکتا۔ میں معافی کا بھی مستحق نہیں ہوں۔ بس میری التجا صرف اتنی ہے کہ کشتی پر چلی آؤ۔ ہلاک مت ہو!"

مورَیلا برابر پیرتی رہی۔ گویا اُس نے سُنا ہی نہیں۔

"ساحل تک پہونچنا محال ہے،" انٹونیو نے پھر کہا "ابھی پورے دو میل باقی ہیں۔ اپنی بیمار ماں کا خیال کرو۔ اُس کا کیا حال ہو جائے گا؟ اگر تمہیں نقصان پہونچا تو میں بھی جان دے دوں گا۔"

مورَیلا نے سامنے نگاہ کر کے فاصلہ دیکھا۔ پھر بغیر کوئی جواب دیئے کشتی کی طرف آنے لگی۔ کشتی کا کنارہ پکڑ لیا اور اوپر چڑھنے لگی۔ انٹونیو، سہارا دینے کے لئے اٹھا۔ کشتی ایک طرف جھک پڑی۔ ملاح کی چادر کنارے رکھی تھی۔ پانی میں گر پڑی۔ لڑکی نے سہارا لینے سے انکار کیا۔ پھرتی سے اوپر آگئی اور اپنی پہلی جگہ پر خاموش جا بیٹھی۔

( ۴ )

انٹونیو نے اسے مطمئن دیکھ کر پھر کشتی کھینا شروع کر دی۔ مورَیلا اپنے بال ہاتھوں میں لے کر نچوڑنے لگی۔

یکایک مورَیلا کی نظر کشتی کی زمین پر پڑی۔ وہ خون سے رنگین تھی اُس نے معًا انٹونیو کے ہاتھ کی طرف نظر اُٹھائی۔ ہاتھ سخت زخمی تھا۔ مگر وہ پوری قوت سے کام کر رہا تھا۔

"یہ لو" مورَیلا نے کہا اور اپنے رومال کی طرف اشارہ کیا۔ انٹونیو نے مورَیلا کو دیکھے بغیر سر کے اشارے سے انکار کر دیا۔ اور کشتی چلاتا رہا۔

تھوڑی دیر بعد مورَیلا اپنی جگہ سے اُٹھی۔ آگے بڑھی۔ ملاح کے سامنے بیٹھ گئی، اور اپنے رومال سے اُس کا ہاتھ باندھنے لگی۔ انٹونیو نے بہت بہت انکار کیا مگر دوشیزہ نے اُس کے زخمی ہاتھ سے ڈانڈے لی اور خود چلانے لگی۔ وہ ملاح کو نہیں دیکھتی تھی، لیکن ڈانڈ پر اُس کے ہاتھ کے خون کے جو قطرے لگ گئے تھے، ان پر نظریں گڑ گئی تھیں۔

دونوں چپ تھے۔ چہرے اُترے ہوئے تھے۔ جب ساحل کے قریب پہونچے

تو ماہی گیر صاحب سلامت کرنے لگے۔ بعض بعض نے آنکھوں ہی آنکھوں میں با ہمدگر اشارات بھی کئے۔ لیکن وہ دونوں بالکل خاموش رہے۔ ان میں ذرا بھی جنبش نہ ہوئی۔

سورج ابھی تک باقی تھا۔ کنارا آگیا۔ موریلا نے اپنے کپڑے درست کئے اور اُتر پڑی۔

صبح والی بڑھیا اپنی پوتی کے ساتھ وہیں بیٹھی چرخا کات رہی تھی۔

"انٹونیو!" ملاح کو دیکھ کر چلّائی "تیرے ہاتھ میں کیا ہوا؟ خدا خیر کرے! تیری کشتی بھی خون سے رنگین ہے!"

"کچھ نہیں" انٹونیو نے افسردگی سے جواب دیا "کشتی میں ایک کیل نکل آئی تھی۔ اُس سے زخم لگ گیا۔ صبح تک اچھا ہو جائے گا۔ یہی زیادہ خون تو میرے لئے مصیبت تھا۔ زخم کی راہ نکل گیا۔"

"یہاں آؤ، میں پٹی باندھ دوں" نیک دل بڑھیا نے کہا "ذرا ٹھہرو، میں ابھی کوئی جڑی بوٹی لاتی ہوں"

"شکریہ" انٹونیو نے کہا "زحمت نہ کرو۔ زخم بھر گیا ہے۔ صبح تک بالکل ٹھیک ہو جائے گا۔ میری تندرستی اچھی ہے۔ معمولی تکلیف کا کوئی اثر نہیں ہوتا"

"خدا حافظ!" موریلا نے کہا، جو اب تک کھڑی بڑھیا کی باتیں سُن رہی تھی۔

"خدا حافظ!" انٹونیو نے اس کی طرف نظر اُٹھائے بغیر جواب دیا۔

موریلا اپنے گھر روانہ ہو گئی۔ انٹونیو نے بھی بے دلی کے ساتھ اپنی ڈانڈ اور ٹوکریاں اٹھائیں اور جھونپڑے کی راہ لی۔

(۵)

انٹونیو اپنے چھوٹے سے جھونپڑے میں اکیلا ہے۔ بہت پریشان ہے۔ کسی پہلو چین نہیں۔ اُٹھ کر ٹہلنے لگا۔ ہوا ٹھنڈی تھی اور بے شیشہ کی کھڑکیوں سے اندر آ رہی تھی۔ تنہائی اِس کے لئے ایک حد تک آرام دہ تھی۔ دیوار پر مقدس کنواری (مریم علیہا السّلام) کی تصویر لٹک رہی تھی۔ وہ تصویر کے سامنے کھڑا ہو گیا۔ کنواری کے سر

پرستاروں کی آرائش دیکھی۔ لیکن نماز پڑھنے کو جی نہیں چاہا۔ وہ نماز کیوں پڑھے؟ ابھی ابھی وہ اپنی زندگی کی تمام آرزوؤں سے محروم ہو چکا ہے!

اُس نے خیال کیا، آج دن ختم نہ ہوگا۔ بے صبری سے رات کا انتظار کرنے لگا۔ تھکا ہوا تھا۔ خون بہہ جانے کی وجہ سے بھی طبیعت کمزور ہو رہی تھی۔ ہاتھ کے زخم کا درد بڑھنے لگا۔ وہ لکڑی کی ایک چھوٹی سی کرسی پر بیٹھ گیا۔ ہاتھ کی پٹی کھول تو پھر خون بہنے لگا۔ پورا ہاتھ ورم کر آیا تھا۔ بڑی محنت سے اُس نے ہاتھ دھویا۔ موریلا کے دانتوں کے نشان صاف نظر آتے تھے!

"اُس کی کیا خطا ہے؟" اپنے آپ سے کہنے لگا "میں وحشی ہو گیا تھا۔ مجھے یہی سزا ملنی چاہیئے تھی۔ کل بڑھیا کے ہاتھ اس کا رومال واپس کر دوں گا۔ اور اب کبھی اس کا سامنا نہ کروں گا!"

زخم دوبارہ دھویا۔ دانتوں کی مدد سے پٹی باندھی۔ بچھونے پر دراز ہو گیا۔ اور آنکھیں بند کر لیں۔

وہ سمجھ نہ سکا، سو یا تھا یا رات بھر جاگتا رہا۔ لیکن اُسے چاند کی دھندلی روشنی میں جب ہوش آیا تو ہاتھ میں سخت درد ہو رہا تھا۔

(۶)

یکایک دروازے پر دستک کی آواز سُنائی دی۔

موریلا اُس کے سامنے کھڑی تھی!!

وہ بغیر اجازت کے اندر چلی آئی۔ بالکل خاموش تھی۔ سر سے رومال کھولا، ہاتھ کی ٹوکری، سامنے چھوٹے سے میز پر رکھ دی۔

"اپنا رومال لینے آئی ہو؟" انٹونیو نے پوچھا "ناحق تکلیف اٹھائی۔ میں خود کل صبح بھیجنے والا تھا"

"رومال نہیں"، موریلا نے ہانپتے ہوئے جواب دیا "میں دیر سے پہاڑی پر جڑی بوٹی ڈھونڈ رہی تھی۔ لو، یہ لائی ہوں"

"تم نے بڑی تکلیف کی" ملاح نے جوشِ مسرت کے احساس سے مضطرب ہو کر کہا "افسوس، تم بہت پریشان ہوئیں۔ مجھے تو اب آرام ہے۔ لیکن اگر تکلیف بھی ہو تو اس کا مستحق ہوں۔ تم ایسے ناوقت کیوں آئیں؟ اگر کوئی دیکھ لے؟ تم لوگوں کی عادت جانتی ہو انہیں ہر وقت کچھ نہ کچھ کہنا ہی چاہئے"

"میں کسی کی بھی بکواس کی پرواہ نہیں کرتی" موریلا نے غضب اور ہمدردی کے ملے جلے لہجہ میں کہا "میں تمہارا ہاتھ دیکھنے اور دوا لگانے آئی ہوں۔ تم اپنے بائیں ہاتھ سے دوا نہیں لگا سکتے"

"میں دوا کا مستحق نہیں ہوں۔ سچ کہتا ہوں" انٹونیو نے تاثر کے ساتھ کہا۔

"اچھا مجھے ہاتھ دیکھنے دو۔ اچھا ہوگا تو دوا نہ لگاؤں گی"

یہ کہہ کر موریلا نے اس کا ہاتھ پکڑ لیا۔ اب انکار اُسکی قدرت سے باہر تھا۔ پٹی کھولتے ہی دوشیزہ چلائی "آہ مسیح!"

"نہیں معمولی سا ورم ہے۔ کل تک اُتر جائے گا" انٹونیو نے بے پروائی سے کہا۔

موریلا نے سر ہلایا:

"تم ایک ہفتہ سے پہلے سمندر میں لوٹ نہیں سکتے"

"اونھ، ایک ہفتہ، دو ہفتے، دس ہفتے" ملاح نے رنج سے کہا۔

موریلا اُس کا زخم بڑی توجہ سے دھونے لگی۔ وہ چھوٹے بچے کی طرح کراہتا تھا۔ موریلا نے زخم پر دوا تھوپ دی۔ پٹی باندھ دی۔ درد میں کمی ہو گئی۔

"موریلا! شکریہ!" انٹونیو نے آرام پاکر کہا "اگر مجھ پر ایک اور احسان کرنا چاہو، تو وہ یہ ہے کہ میرا دِن والا قصور معاف کر دو۔ میری سب باتیں بھول جاؤ۔ نہیں معلوم ایسا کیوں ہوا؟ ہرگز نہیں، تمہاری کوئی خطا نہیں تھی۔ اب میری زبان سے کبھی کوئی ناگوار بات نہیں سنوگی..."

"نہیں، نہیں، مجھے معافی مانگنی چاہیئے"، موریلا نے جلدی سے کہا۔

"مجھے ایسا برتاؤ نہ کرنا تھا۔ تمہیں غصہ دِلا کر میں نے سخت غلطی کی۔ اور یہ زخم....."

موریلا، انٹونیو کے ہاتھ کی طرف اشارہ کر کے چپ ہو گئی۔

"تم نے کچھ نہیں کیا" انٹونیو نے کہا "تم نے صرف اپنا بچاؤ کیا تھا، یہی کرنا بھی چاہیئے تھا۔ میری دیوانگی کے مقابلے میں اِسی کی ضرورت تھی۔ تمہاری ذرا بھی خطا نہیں ہے۔ ہرگز معافی کا ذکر نہ کرو۔ تم نے تو مجھ پر بڑا ہی احسان کیا ہے۔ میں تمہارا دِل سے شکر گزار ہوں۔ اچھا، اپنا رومال لیتی جاؤ۔"

انٹونیو نے رومال آگے بڑھایا۔ لیکن موریلا خاموش تھی۔ اُسکے اندر خیالات میں سخت تصادم تھا:

"میری غلطی سے تمہاری چادر بھی چلی گئی۔ نارنگی کی تمام قیمت بھی اُسی میں بندھی تھی۔ مجھے بہت دیر بعد اس کا خیال آیا۔ میں اِس وقت اُسکی تلافی نہیں کر سکتی۔ ہمارے گھر میں کچھ نہیں ہے۔ اگر ہے تو میری ماں کا ہے۔ لیکن یہ چاندی کی صلیب، میری ہے۔ مصوّر جاتے وقت چھوڑ گیا تھا۔ میں نے آج تک اسے کبھی نہیں دیکھا تھا۔ صندوق میں بھی نہیں رکھا تھا۔ اگر اسے بیچو گے تو کچھ نہ کچھ وصول ہو جائے گا۔ میری ماں کا یہی خیال ہے۔ نقصان کا تھوڑا سا بدلہ ہو جائے گا۔ باقی میں اپنی ماں کے سو جانے کے بعد روز رات کو سوت کات کات کر ادا کر دوں گی۔"

"نہیں، نہیں، میں ہرگز نہیں لوں گا"، یہ کہہ کر انٹونیو نے چمکیلی صلیب لوٹا دی۔ "لیلو" موریلا نے کہا "تم نہیں جانتے، تمہارا ہاتھ کتنے دن کام نہیں کر سکے گا۔ یہ صلیب رکھی ہے"

"مجھے تکلیف نہ دو" انٹونیو نے نقاہت سے کہا۔

"میں کہتی ہوں لے لو" موریلا نے اصرار سے کہا۔

"سمندر میں پھینک دو" انٹونیو جھنجھلا گیا۔

" میں ہدیہ پیش نہیں کر رہی ہوں۔ اپنا کچھ بوجھ ہلکا کرنا چاہتی ہوں "
موریلا نے پھر کہا۔

" تم پر میرا کوئی قرضہ نہیں ہے " انٹونیو نے جوش سے کہا " اگر تم میرا کچھ اپنے ذمہ سمجھتی ہو تو میری ایک درخواست منظور کر لو۔ تم پورے بار سے ہلکی ہو جاؤ گی۔ میری درخواست یہ ہے کہ جب میں کہیں دکھائی دوں تو میری طرف نظر نہ اُٹھانا، تاکہ مجھے اپنی اِس دیوانگی پر ہمیشہ ندامت ہوا کرے۔ خدا حافظ! جاؤ۔ یہ ہماری آخری باتیں ہیں۔"

موریلا نے کوئی جواب نہیں دیا۔ خاموشی سے اُس نے اپنا رومال اٹھا کر ٹوکری میں ڈالا۔ صلیب بھی اس میں گرادی۔ پھر ٹوکری کا ڈھکنا بند کیا۔ انٹونیو نے نگاہ اُٹھا کر دیکھا تو آنسو اُسکے نازک رخساروں پر بہہ رہے تھے!

" الٰہی!" انٹونیو چلّایا " موریلا! کیا ہوا؟ کچھ بیمار ہو گئیں؟ یہ سر سے پاؤں تک کانپتی کیوں ہو؟ "

" کچھ نہیں۔ مجھے گھر لوٹنا چاہیئے۔"

یہ کہہ کر موریلا لڑکھڑاتے پاؤں سے دروازے کی طرف لپکی۔ مگر باہر نہیں گئی۔ دیوار پر سر رکھ کے رونے لگی۔ دیر سے بھری ہوئی تھی اب بے قابو ہو گئی۔ انٹونیو نے اسکی سسکیاں سُنیں مگر قبل اس کے کہ وہ اٹھ کر پاس پہونچے، وہ خود دوڑ کر آئی اور اس پر گر پڑی:

" اب میں برداشت نہیں کرسکتی" اس نے آنسوؤں کے ساتھ ملّاح کو زور سے پکڑ کر کہا " میں برداشت نہیں کرسکتی! میں تمہیں چھوڑ کر جا نہیں سکتی۔ آہ! تم مجھ سے اتنی محبت کے ساتھ بولتے ہو! مجھے مارو۔ میری جان لے لو۔ مجھے لعنت ملامت کرو۔ لیکن مجھے اپنے سے دُور نہ کرو....."

روتی ہوئی لڑکی کو انٹونیو نے فوراً اٹھالیا۔ وہ بھی چپ تھا مگر آنسو اُس کی آنکھوں سے بھی جاری تھے!

انٹونیو نے لمبی سانس لے کر کہا " خدایا یہ میں کیا سُنتا ہوں؟ اگر میرا خون،

زخم سے بہہ گیا ہے تو میرا دل اِس طرح کیوں دھڑک رہا ہے؟ کیوں سینے سے نکلا پڑتا ہے؟ موریلا! اگر یہ تم صرف تسلّی دینے کے لئے کہتی ہو، تو اسکی کوئی ضرورت نہیں۔ لیکن کیا تم پر میرا کوئی حق نہیں ہے؟ کیا میں نے تمہارے پیچھے بہت دُکھ نہیں سہا ہے؟"

"ہرگز نہیں!" موریلا نے مضبوط آواز میں کہا "کوئی حق نہیں! کیونکہ میں بھی تم سے محبّت کرتی ہوں! اب مجھے کہنے دو۔ میں تم سے، اِسی محبّت کے ڈر سے بھاگا کرتی تھی۔ لیکن اب نہیں بھاگوں گی۔"

(۷)

موریلا گھر کے باہر تاریکی میں غائب ہوگئی۔ انٹونیو، کھڑکی کے سامنے مبہوت بیٹھا تھا۔ خاموش سمندر اُس کے آگے پھیلا تھا۔ افق میں ہر طرف تاریکی اور خاموشی تھی۔ جھلملاتے تارے آسمان پر سے منھ نکالے دیکھ رہے تھے!

(۸)

اعتراف کی کرسی پر پادری بیٹھا مُسکرا رہا ہے۔ موریلا ابھی ایک بہت لمبا اعتراف کر کے رخصت ہوئی ہے۔

"کون خیال کر سکتا تھا؟" پادری نے اپنے آپ سے کہا "واقعی کون خیال کر سکتا تھا خدا اس گمراہ دل کو ہدایت بخشے گا؟ ہماری نظریں بہت کوتاہ ہیں۔ آسمان کے راز دیکھ نہیں سکتیں۔ خدا موریلا کو، انٹونیو کو، دونوں کی اولاد کو برکت دے!"

(۹)

کیا یہ کہنے کی ضرورت ہے کہ عورت کے دِل کے سمجھنے کے لئے اِس دنیا میں ہمارا کوئی قانون اور قاعدہ بھی کام نہیں دے سکتا۔ وہ جب بہت زیادہ غضب ناک ہوتی ہے تو بہت زیادہ محبّت کرتی ہے، اور جب بہت ملتفت ہوتی ہے تو فوراً محبّت سے دست بردار ہو جاتی ہے۔ تاہم ایک قاعدہ ضرور ہماری

رہنمائی کرسکتا ہے۔ وہ یہ ہے کہ ایثار اور خود فروشی کے مقابلہ میں کبھی غصّہ کی نفرت اور خودداری کی بے پروائی قائم نہیں رہ سکتی ۔ سخت سے سخت جنگ آزما رُوح بھی ایثار اور خود فروشی کے مقابلہ میں سپر ڈال دے گی اور ہار مان لے گی !

۱۴ر اکتوبر ۱۹۲۷ء

# رُوحانیات کی مجلس

## ہولناک رات

مترجم

ایوان پٹروویچ نے اپنے دوستوں کو مضطرب آواز اور زرد چہرے کے ساتھ ذیل کا واقعہ سُنایا:

۱۸۸۳ء کے کرسمس کی رات، بہت ہی اندھیری تھی۔ میں اپنے ایک دوست کے یہاں دیر تک ایک روحانی جلسے میں بیٹھا رہا۔ مجھے تاریکی میں اپنے گھر لوٹنا تھا۔

اُس زمانے میں ماسکو کی ایک ایسی گلی میں میرا قیام تھا، جو شہر میں سب سے زیادہ وحشت ناک اور تاریک گلی تھی۔ جب جب میں اُس سے گزرتا، ڈراؤنے خیالات میرا دماغ پریشان کر دیا کرتے تھے۔

روحانی جلسے میں آخری جُملہ جو میں نے سُنا تھا، وہ خاص میری ذات کے متعلق تھا۔ مشہور فیلسوف سپینوزا کی روح کی نسبت ظاہر کیا گیا تھا کہ وہ جلسہ میں شریک ہے۔ اس نے مجھ سے مخاطب ہو کر کہا:

"تیری موت قریب آگئی، جلد خدا کے سامنے توبہ کر!"

میں ڈر گیا۔ پھر سوال کیا۔ مزید تشریح چاہی۔

"تیری زندگی ختم ہوگئی۔ آج ہی توبہ کرلے!" یہ میرے سوال کا دوبارہ جواب تھا۔

میں علم الارواح (اسپریچولیزم) کا قائل نہیں ہوں۔ تاہم موت کا خیال ہمیشہ مجھے خوف زدہ کر دیا کرتا تھا۔ ایک عجیب طرح کی اُداسی مجھ پر چھا جاتی تھی۔

میں بدحواس جلسہ گاہ سے بھاگا۔ اور اپنے گھر کی راہ لی۔ اوپر کی منزل پر پہونچ کے اپنے کمرے کا دروازہ کھولا اور اندر داخل ہوگیا۔ اس وقت بھی میرا خوف سے بُرا حال تھا۔ معلوم ہوتا تھا گر اپڑتا ہوں۔

(۲)

کمرہ تاریک تھا۔ باہر تیز ہوا چل رہی تھی۔ کھڑکی کے شیشوں سے جھونکے ٹکرا رہے تھے۔ ایسا معلوم ہوتا تھا کہ عناصر بھی خوف و دہشت کی حالت میں مضطرب ہو رہے ہیں۔

"اگر سپنوزا کی پیشین گوئی ٹھیک ہے" میں نے لڑکھڑاتی ہوئی آواز میں آہستہ آہستہ کہا "اگر اس سنگ دل فیلسوف کی روح نے سچ کہا ہے، تو بس آج ہی رات میرا خاتمہ ہے! یہ واویلا کرنے والی ہوائیں میرا نوحہ کریں گی یہ کالی بدلیاں ماتم کی صفیں بچھائیں گی! افسوس میری زندگی ....."

میں نے دیا سلائی جلائی۔

"ہیں!" میں گلا پھاڑ کر بے خودی سے چلایا اور دروازے کی طرف بھاگا۔ سر سے پاؤں تک تمام بدن کانپ رہا تھا۔ شاید عالم گردش میں پہونچ کر میں نے خوف سے آنکھیں بند کرلی تھیں!

میں نے کمرہ میں کیا دیکھا؟ دیکھو، اِس وقت بھی میرے بدن کے رونگٹے کھڑے ہوگئے ہیں۔ دل دھڑک رہا ہے۔

عین کمرے کے وسط میں مُردے کا تابوت رکھا تھا! اس پر ارغوانی غلاف چڑھا تھا۔ سنہری صلیب رکھی تھی۔ میں نے صرف ایک ہی جھلک دیکھی تھی۔ لیکن یہ عجیب

بات ہے کہ مجھے اُس کا ہر حصّہ نظر آگیا۔ آج تک اس کا پُورا نقشہ میرے ذہن میں محفوظ ہے!
یہ ایک لڑکی کا تابوت تھا۔ کیونکہ بہت چھوٹا تھا۔ اور رنگ و آرائش ویسی ہی تھی، جیسی لڑکیوں کے تابوتوں پر کی جاتی ہے۔

(۳)

مَیں تیر کی طرح زینے پر پہونچا اور سیلاب کی تیزی سے اُترنے لگا۔ بلکہ کہنا چاہئے گرنے لگا۔ ایک نہایت ہی خوفناک رُعب اپنی پوری قوّت سے مجھے دھکیل رہا تھا!

سڑک پر مَیں نے جلدی سے روشنی کا ایک کھمبا دونوں ہاتھوں سے مضبوط پکڑ لیا۔ کھمبا، مینھ سے بھیگا ہوا تھا۔ برف کی طرح ٹھنڈا تھا۔ جسم نے سردی محسوس کی تو میرے ہوش و حواس واپس آنے لگے۔

"اگر کمرے میں آگ لگی ہوتی" مَیں خیال کرنے لگا "بلکہ اس میں جو ر کھڑا ہوتا، شیر ٹہلتا ہوتا، دیوانہ کتا بیٹھا ہوتا، اگر اُس کی چھت بھی اچانک گر پڑتی، تو بھی مجھے تعجب نہ ہوتا۔ مَیں اسے معمولی ایک بات سمجھتا۔ مگر لاش! ایک مکمّل تابوت! اس کے کیا معنی ہو سکتے ہیں؟ کچھ سمجھ میں نہیں آتا۔ میرے مکان میں تابوت کیونکر آیا؟ کون لایا؟ ایک امیر لڑکی کا کامدار تابوت! سونے چاندی کے کام سے آراستہ! ایک معمولی نوکر کے حقیر کمرے میں اسے کون لایا؟ معلوم نہیں! وہ خالی ہے یا اندر لاش رکھی ہے؟......"

اچانک مجھے خیال آیا "اگر یہ معجزہ نہیں تو کوئی ہولناک جُرم ہے" لاکھ لاکھ سوچا۔ کوئی بات سمجھ میں نہ آئی۔

"دروازے پر تو قفل چڑھا تھا" مَیں پھر سوچنے لگا "کُنجی ایسی مخفی جگہ رکھی تھی کہ میرے خاص دوستوں کے سوا کوئی نہیں جانتا۔ ناممکن ہے کہ کسی دوست نے یہ موت کا تحفہ میرے لئے مہیا کیا ہو۔ شاید کوئی مزدور غلطی سے لے آیا۔ لیکن مزدور لاتا تو مزدوری لئے بغیر چلا کیوں جاتا؟ اور میرے یہاں مزدور تابوت کیوں لائے...."

پھر میرے پراگندہ دماغ میں ایک اور خیال آیا:

"ممکن ہے یہ کارروائی اسی رُوح کی ہو، جس نے آج رات میری موت کی خبر دی ہے۔ شاید یہ تابوت میری لاش کے لئے لایا گیا ہو۔ لیکن یہ ناممکن ہے۔ تابوت میرے قد سے بہت چھوٹا ہے۔"

(۴)

اب بارش پھر شروع ہو گئی۔ گویا میرے قتل کے لئے آسمان سے یورش ہو رہی ہے۔ ہوا اتنی تیز تھی کہ میرا اُوورکوٹ اڑا جاتا تھا۔ میں بھیگ کر شرابور ہو گیا۔

"مجھے کہیں پناہ لینی چاہئے" میں نے دل سے کہا "لیکن کہاں؟ کمرے میں، جہاں تابوت رکھا ہے؟ ناممکن! اگر میں وہاں گیا تو یقیناً دیوانہ ہو جاؤں گا"

مگر اس پانی اور سردی میں سڑک پر کھڑا رہنا بھی مشکل تھا۔ میں نے فوراً اپنے ایک دوست "دستوف" نامی کے گھر کی راہ لی۔ وہ بھی ایک تنگ تاریک گلی میں ایک کمرہ کے اندر رہتا تھا۔

دروازہ کھٹکھٹایا۔ کوئی جواب نہ ملا۔ میں نے ایک طاق میں ہاتھ مارا تو کنجی مل گئی قفل کھول کر اندر چلا گیا۔

"میرا کوٹ بھیگ گیا تھا۔ میں نے اسے اتار کر کمرے کی زمین پر ڈال دیا۔ اندھیرے میں پاؤں نے ایک کرسی سے ٹھوکر کھائی۔ میں اس پر بیٹھ گیا۔ تاریکی سخت تھی کچھ سوجھائی نہیں دیتا تھا۔ ہوا تیز تھی۔ کھڑکیاں ہل رہی تھیں۔ باہر کنیسوں کے گھنٹے کرسمس کی خوشی میں بج رہے تھے۔

میں نے جیب سے ڈبیا نکال کر دیا سلائی جلائی۔

"اُف، یہاں بھی!" بے اختیار میرے منہ سے چیخ نکل گئی میں دیوانہ وار بھاگ کر کمرے کے باہر گرا۔

یہاں بھی تابوت رکھا تھا! لیکن میرے کمرے کے تابوت سے بڑا تھا۔ اور سیاہ غلاف سے ڈھکا تھا۔ سیاہ غلاف نے اسے اور بھی زیادہ ہیبت ناک بنا دیا تھا۔!

"یہاں بھی وہی تابوت!" میں سوچنے لگا "معلوم ہوتا ہے یہ میرا وہم و خیال ہے ۔ میری نگاہ دھوکا کھا رہی ہے ۔ ناممکن ہے کہ میں جہاں جاؤں، میرے استقبال کے لئے ایک خوفناک تابوت جیسے سے مہیا ہو جائے ۔ ضرور آج میرے اعصاب میں خلل آگیا ہے ۔ جہاں جاتا ہوں تابوت ہی نظر آتا ہے ..... میں ضرور پاگل ہو گیا ہوں ۔ جنون کا سبب صاف ظاہر ہے ۔ اس منحوس روحانی جلسے اور سپینوزا کی شیطان روح نے میرا دماغ خراب کر ڈالا!"

میں تھک کر زمین پر بیٹھ گیا ۔ دونوں کنپٹیاں زور سے ہاتھوں میں دبالیں ۔

"الٰہی کیا کروں؟ کہاں جاؤں؟ آہ میں پاگل ہو گیا!" یہ کہتے ہوئے بے اختیار میرے آنسو نکل آئے ۔

قریب تھا میرا سر پھٹ جائے ۔ میرے پیروں میں سکت باقی نہیں رہی تھی ۔ مینہ کا وہ زور تھا کہ خدا کی پناہ ۔ میرا تمام بدن سردی سے کانپنے لگا ۔ نہ سر پر ٹوپی تھی نہ جسم پر کوٹ ۔ میں اُنھیں لینے کمرے میں جا بھی نہیں سکتا تھا ۔ کیونکہ وہاں ..... آہ، بہت ہی ہولناک منظر، ناقابلِ برداشت ہولناکی موجود تھی!

(۵)

میرے سر کے تیر کی طرح سیدھے بال کھڑے ہو گئے ۔ ٹھنڈا پسینہ پیشانی سے بہنے لگا ۔ حالانکہ اب مجھے کامل یقین ہو گیا تھا کہ جو کچھ میری آنکھوں نے دیکھا ہے، وہ محض ایک طرح کے اعصابی مرض کا نتیجہ اور وہم و خیال ہے ۔ حقیقت میں کچھ بھی نہیں ۔

"اب کیا کروں؟ کہاں جاؤں؟" بار بار یہی سوال دہراتا تھا ۔

یکایک مجھے ایک دوسرا دوست، گوڈساروف یاد آگیا ۔ اس نے حال ہی میں ڈاکٹری کی سند حاصل کی تھی، اور میرے قریب رہتا تھا ۔ وہ بھی میرے ساتھ روحانی جلسے میں شریک تھا ۔

میں بے تحاشا اُس کے گھر کی طرف روانہ ہو گیا ۔ اُس کا کمرہ مکان کی سب سے اونچی منزل پر واقع تھا ۔

لیکن میں ابھی زینے ہی پر تھا، کہ اوپر سے خوفناک شور سنائی دیا، ایسا معلوم

ہوا جیسے کوئی آدمی، بدحواسی سے اِدھر اُدھر دوڑ رہا ہے۔ اور زور زور پاؤں زمین پر مار رہا ہے۔

فوراً ہی ایک دہشت ناک آواز میرے کانوں میں آئی۔

"مدد! مدد! دوڑو! دوڑو!"

اور اس کے ساتھ ہی ایک شخص اوپر سے بے تحاشا گرتا ہوا مجھ سے ٹکرایا۔

"ساروف! ساروف! دوست، تم ہو؟ کیا ہوا؟" میں بے اختیار چلا اٹھا۔ کیونکہ یہ شخص میرا دوست ساروف ہی تھا۔

زینے پر دُھندلی روشنی تھی۔ ساروف نے آتے ہی دیوانہ وار میرے مونڈھے پکڑ لیے۔ وہ تمام بدن سے کانپ رہا تھا، چہرہ زرد تھا۔ آنکھیں عجیب قسم کی دہشت ظاہر کر رہی تھیں!

"ساروف!" میں پھر چلایا۔

"ریکیوف!" اُس کی لرزتی ہوئی آواز بلند ہوئی "ریکیوف! تم ہو تم؟ کیا واقعی تم ہی ہو؟"

اُس نے مجھے بغور دیکھا اور لمبی سانس لی۔

"یہ تمہیں کیا ہو گیا ہے؟ مُردے کی طرح پیلے پڑ گئے ہو۔ اُف، تمہاری صورت کیسی ڈراؤنی ہو رہی ہے؟ خدا بتلاؤ کیا ہوا؟" اس نے مجھے بغور دیکھ کر کہا۔

"اور یہ تمہاری حالت کیا ہو رہی ہے؟ بالکل مُردہ معلوم ہوتے ہو!" میرا جواب تھا۔

"ٹھہرو" اس نے جلدی سے کہا "ذرا دم لینے دو۔ آہ میں اسوقت تم سے مل کر کتنا خوش ہوا ہوں؟ جان جاتے جاتے بچی۔ محاضرات ارواح کے جلسوں پر خدا کی لعنت! علم الارواح پر ہزار لعنتیں! اُس جلسے نے نہیں معلوم میرے لئے کیسی کیسی ہولناک چیزیں پیدا کر دی ہیں؟ کیا تم یقین کرو گے کہ جونہی میں اپنے کمرے میں داخل ہوا۔ . . . . اُف کیسا ڈراونا منظر! میں نے دیکھا، کمرے کے عین وسط میں ایک تابوت رکھا ہے!"

مجھے اپنے کانوں پر یقین نہ آیا۔ یہ تو بعینہ خود میری سرگزشت تھی۔ میں نے چیخ کر پوچھا۔

"تابوت! کیا کہتے ہو؟ تابوت!"

اُس نے صاف لفظوں میں کہا "تابوت! ایک حقیقی تابوت! میں بزدل نہیں ہوں۔ لیکن اس منظر سے تو شیطان بھی بے ہوش ہو جائیگا"

میں پھر خوف سے کانپنے لگا۔ میں نے بہ مشکل اپنے دونوں مشاہدے اس سے بیان کر دیئے۔ میں نے کہا۔ "خدایا! عجیب طرح کی ہولناکی! میں نے اپنے کمرے میں تابوت دیکھا۔ اپنے دوست کے کمرے میں تابوت دیکھا۔ اور اب تم کہتے ہو کہ تم نے بھی اپنے کمرے میں تابوت دیکھا ہے۔۔۔۔"

(۶)

ہم دونوں مکان کی چوکھٹ پر کھڑے ایک دوسرے کو دیکھ رہے تھے۔ ہم دونوں مبہوت تھے۔ ہمیں خیال ہوا شاید ہم سو رہے ہیں۔ یہ شبہہ بیک وقت دونوں کے دماغ میں گزرا، اس لیے ایک دوسرے کو گھونسے مارنے لگے تاکہ معلوم کرلیں، ہم واقعی جاگ رہے ہیں یا عالمِ خواب میں ہیں!

"نہیں، ہم خواب میں نہیں ہیں"، سارو تے نے کہا "ہم مکّے کی چوٹ محسوس کرتے ہیں ضرور جاگ رہے ہیں۔ ہم نے جو تابوت دیکھے ہیں یقیناً وہ تابوت ہی ہیں۔ ہمارا وہم و خیال نہیں ہے۔ اب بتلاؤ، کیا کریں؟"

ہم اب مکان کی سیڑھی پر آ کے کھڑے ہو گئے ہیں، اور دیر تک سوچتے رہے، کیا کرنا چاہئے؟ آخر طے ہوا کہ ہمت کر کے اوپر چلیں، اور نوکر کو جگا کر کمرے میں جائیں۔

(۷)

نوکر ہاتھ میں شمع لیے اندر گیا۔ ہم پیچھے پیچھے چلے۔ واقعی کمرے کے عین وسط میں ایک تابوت رکھا تھا۔ اس پر سفید ریشمیں چادر پڑی تھی۔ کناروں پر سونے کے تاروں کا کام تھا۔ جا بجا چاندی کے پھول کڑھے تھے!

تابوت دیکھ کر لوکر نے اپنے سینے پر صلیب کا نشان بنایا۔

"اب ہم حقیقت معلوم کر سکتے ہیں"، میرے دوست نے رُک رُک کر کہا، کیونکہ وہ پورے جسم سے کانپ رہا تھا۔ "دیکھنا چاہئے معاملہ کیا ہے؟ تابوت خالی ہے، یا اس میں کوئی لاش بھی ہے؟"

بڑے پس و پیش کے بعد سارنوف نے ہمت کی۔ چند قدم آگے بڑھا اور تابوت کا ڈھکنا اُلٹ کر پیچھے ہٹ گیا۔

ہم نے جھک کر دیکھا۔ تابوت بالکل خالی تھا۔ نعش کی جگہ ایک لفافہ پڑا تھا!

(۸)

میرے دوست نے لفافہ اُٹھالیا، اور کانپتے ہوئے ہاتھوں سے کھولا۔ اس کے اندر حسب ذیل سطریں مرقوم تھیں:

"میرے پیارے دوست سارنوف!

"تمہیں معلوم ہے ہماری مالی حالت کس درجہ بگڑ چکی ہے۔ مختصر لفظوں میں واقعہ یہ ہے کہ میرا بھائی دیوالیہ ہو گیا ہے۔ کل اُس کا تمام سامان نیلام ہو جائے گا۔ تم جانتے ہو، اس کی دُکان میں تابوتوں کے سوا کچھ نہیں ہے (کیونکہ شہر بھر کے لئے وہی تابوت مہیا کرتا ہے) اب ہمارے لئے فقر و فاقہ کے سوا کچھ باقی نہیں رہا۔ ہمارے خاندان نے مشورے کے بعد طے کیا ہے کہ جتنے تابوت بھی راتوں رات نکالے جا سکتے ہیں، نکال دئے جائیں تاکہ وہ نیلام سے بچ جائیں۔ چنانچہ اپنے تمام دوستوں کے یہاں ایک ایک تابوت بھیجدیا ہے۔ ایک تابوت تمہارے یہاں بھی رکھوا دیتے ہیں۔ تم مطمئن رہو، ایک ہفتہ سے زیادہ تمہیں اس کی حفاظت نہیں کرنی پڑے گی، اور ہم اسکے لئے تمہارے اور تمام دوستوں کے نہایت شکرگذار ہوں گے۔"

تمہارا مخلص "ایوآن گودین"

(۹)

اس واقعہ کے بعد تین مہینے تک میں اپنے اعصاب کا علاج

کرتا رہا۔ اب تک یہ حالت ہے کہ جب کبھی شام کو گھر لوٹتا ہوں، تو دروازے پر خوف سے رُک جاتا ہوں۔ کمرے میں تابوت کا منظر یاد آجایا کرتا ہے۔

۱۲/ اکتوبر ۱۹۲۷ء

# فرانس کا آخری مقبول ڈراما

## مضحک اور غمناک عناصر کا مجموعہ

## ایلن کا شوہر!

ذیل میں اُس ڈرامے کا خلاصہ ایک نقاد تماشائی کی نظر سے قلم بند کیا گیا ہے، جو گذشتہ موسم بہار میں پیرس کا سب سے زیادہ مقبول اور دلچسپ ڈراما تسلیم کیا گیا تھا۔ اِس کا مطالعہ کرتے ہوئے چند امور پیش نظر رکھنے چاہئیں:

(۱) "کامیڈی" اور "ٹریجڈی" کی دو قدیم قسمیں معلوم ہیں، لیکن ایک تیسری قسم وہ ہے جس میں دونوں طرح کے جذبات جمع کر دینے کی کوشش کی جاتی ہے۔ یعنی وہ واقعات و احساسات کا ایک ایسا ملا جلا مجموعہ ہوتا ہے، کہ اُسے ایک اعتبار سے مضحک کہہ سکتے ہیں، ایک اعتبار سے غم انگیز۔ اِس اشتراک سے مقصود یہ نہیں ہے کہ سلسلۂ واقعات میں بعض حصے غم انگیز آجائیں اور بعض مضحک، جیسا کہ شکسپیر نے ہملٹ جیسی غمناکی میں ایک منظر ہملٹ اور قبر کھودنے والوں کے مضحک مکالمہ کا دکھا دیا ہے، بلکہ مقصود یہ ہے کہ نفس واقعہ اور اس کے واردات و احساسات کی نوعیت ہی ایسی ہو کہ اسے ایک پہلو سے مضحک اور ایک پہلو سے غم انگیز قرار دے سکیں۔ یہ قسم آج کل فرانس میں سب سے زیادہ مقبول ہے، اور مندرجۂ ذیل ڈراما اِسی قسم کا ایک آخرین

نمونہ ہے۔

(۲) سب سے زیادہ قابلِ غور یورپ کی موجودہ اخلاقی ذہنیت کی نمائش ہے جو اس ڈرامے میں ہمارے سامنے آجاتی ہے۔ یہ واقعہ ہے کہ ایلن اور اسکے شوہر کی قصصی سیرت یورپ کے اعلےٰ اور متوسط طبقات کے نوّے فی صدی مرد و عورت کی حقیقی سیرت ہے۔ حیات زوجیت کی اخلاقی اور معاشرتی رُوح فنا ہو چکی ہے۔ محض ایک طرح کا قانونی معاہدہ رہ گیا ہے جس کی پابندی معاشرتی ضروریات کی بنا پر کی جارہی ہے، بہت ممکن ہے کہ کچھ عرصہ بعد یہ پابندی بھی ضروری نہ رہے۔ موجودہ تمدن کا منتہائے عروج، اخلاق اور اخلاقی حدود کا خاتمہ ہے!

---

(۱)

میں ہنسنا چاہتا تھا جب یہ ڈراما دیکھنے کیلئے جانے لگا۔ مجھے یقین تھا کہ ہنسوں گا، کیونکہ قصہ کا نام ہی مضحک تھا۔ پھر یہ پہلی مرتبہ اسٹیج پر آیا تھا اور نکتہ چینوں کی نظر بھی اب تک اس پر نہیں پڑی تھی جو ایکٹر اس میں حصہ لینے والے تھے، سب فن ظرافت میں مشہور تھے۔ پیرس کے مخلوق کی عادت ہے کہ پہلے ہی سے لطف اُٹھانے لگتی ہے۔ میں نے بھی پیشگی ہنسنا شروع کر دیا تھا۔

ہنستے ہوئے تھیٹر پہونچے۔ پردہ اٹھنا تھا کہ مارے ہنسی کے پیٹ میں بل پڑ پڑ گئے، لیکن چند ہی لمحے بعد ہنسی غائب ہوگئی۔ اپنے اندر ہم نے ایک عجیب طرح کا احساس پایا۔ الفاظ شاید اسے بیان نہیں کر سکتے کیونکہ وہ احساس نہ تو خالص مسرت تھی نہ خالص رنج۔ یا یوں کہو کہ وہ چیز خالص رنج سے بھی زیادہ قلب کو متاثر کر رہی تھی، لیکن ساتھ ہی تبسم پر بھی مجبور کرتی تھی۔ بلکہ شاید ہنسی پر۔ شاید قہقہوں پر! افسردگی میں مسکرانا! رنج میں کھلکھلا کر ہنسنا!

کیوں؟ اِس لئے کہ ایکٹر تمہارے سامنے اِنسان کی ایسی خصلتیں پیش کر رہا ہے جن کا ظاہر ہنسانے والا ہے، ہنسنا چاہو یا نہ چاہو، باطن رولانے والا ہے، رونا چاہو یا نہ چاہو۔

## ( ۲ )

پردہ اٹھتے ہی ایک ادھیڑ عورت تمہارے سامنے موجود ہے۔ ادھیڑ سے بھی زیادہ بوڑھی معلوم ہوتی ہے۔ اُس کا لباس اُسکے سن و سال اور مرتبہ کے مناسب ہے۔ اُس کی گفتگو سُنتے ہی تم جان جاتے ہو کہ وہ پیرس کی مخلوق نہیں، اطرافِ ملک سے آئی ہے۔ اور یہ کہ اُس مبہم طبقہ سے تعلق رکھتی ہے جو متوسط طبقہ تو نہیں ہے مگر اُس سے اُتر کر رہنا بھی گوارا نہیں کرتا۔

عورت بیوہ ہے۔ شوہر کی یادگار ایک لڑکی المین موجود ہے۔ یہ نہایت حسین اور خوش اندام ہے۔ ماں بیٹی زمانے کے جور سے تنگ آکر پیرس میں پناہ ڈھونڈھتی ہیں۔ فن موسیقی کے ایک ماہر سے ملاقات ہوتی ہے۔ وہ خود بھی اپنے ہنر میں بدقسمت ہے مگر قصباتی دوشیزہ پر فریفتہ ہوجاتا ہے۔ دونوں کو اپنے شکستہ گھر میں جگہ دیتا ہے۔ پھر بیک وقت اِس رشکِ ماہ کا استاد، مربیّ اور عاشق بن جاتا ہے۔

لڑکی، رقص و سرود میں کامل ہوجاتی ہے۔ پیرس کی ایک تھیٹر کی کمپنی اُس کی خدمات قبول کرلیتی ہے۔ آج کی رات وہ پہلی مرتبہ اسٹیج پر آنے والی ہے۔ ماں اسے بڑے ہی تاثر، اضطراب، مسرّت اور کسی قدر خوف کی نظروں سے دیکھ رہی ہے، لیکن کامیابی کی اہمیت بھی سمجھتی ہے اسلئے خوشی بھی منانا چاہتی ہے۔ چنانچہ اُس نے دعوت کا اہتمام کیا ہے۔ میز پر قسم قسم کے کھانے چُنے ہیں جو دولتمندوں کے لئے معمولی مگر غریبوں کے لئے بہت قیمتی ہیں۔ وہ اپنے دل کی تمام باتیں اپنی کم سن پھرتیلی خادمہ کو سناتی ہے۔ اُس کا لہجہ بالکل ویسا ہی ہے جیسا دادی کا اپنی پوتی کے مقابلہ میں ہوتا ہے۔ گفتگو کچھ اس طرح کی ہے کہ وہ دونوں اُس میں سنجیدگی سے مصروف ہیں مگر ہم سُننے والے ہنسی سے لوٹے جاتے ہیں!

اچانک موسیقی کا اُستاد آتا ہے۔ بہت خوش ہے۔ مگر خوشی نے کچھ اضطراب بھی پیدا کر رکھا ہے۔ وہ تاثر سے بے اختیار رونے لگتا ہے۔ ایسا رونا جو تماشائیوں کو ہنسانے والا ہے۔ ماں کو اُس کی بیٹی کی کامیابی پر مبارکباد دیتا ہے۔ پھر اُس کامیابی کی نقل اُتار کر

دِکھاتا ہے اور وہ نغمے سناتا ہے جن سے لڑکی نے سامعین کا خراج تحسین وصول کیا تھا۔

ماں خوش ہے۔ لیکن ساتھ ہی غیر مطمئن بھی ہے۔ کیونکہ تھیٹر دل کی آب و ہوا ناپسند کرتی ہے۔ اور دل سے چاہتی ہے کہ لڑکی کسی اور کام میں لگتی۔ استاد موسیقی بھی خوش ہے۔ لیکن ساتھ ہی خوف زدہ بھی ہے۔ کیونکہ ڈرتا ہے، مبادا ایلین دولتمند مداحوں کے دام میں پھنس کر اُن کی ہو رہے۔

( ۴ )

ماں اپنی لڑکی کے عاشق کا خوف محسوس کرتی ہے۔ ساتھ ہی اُس کی اخفار راز کی کوشش کو بھی محسوس کرتی ہے۔ دونوں گو مگو حالت میں ہوتے ہیں کہ لڑکی اٹھکھیلیاں کرتی، ہنستی کھیلتی، جوش میں بھری دوڑی آتی ہے۔ ماں کو پیار کرتی ہے۔ عاشق کے سامنے آتی ہے اور شکریہ ادا کرتی ہے۔

لیکن اِن کی قسمت میں دعوت کا لُطف تنہا اُٹھانا نہ تھا۔ تھیٹر کا منیجر ایک دولتمند رئیس کے ساتھ آموجود ہوتا ہے۔ دونوں لڑکی کو اُس کی کامیابی پر مبارکباد دیتے ہیں اور کھیل کود کے ایک بڑے چائے خانہ میں گھڑی بھر ساتھ بیٹھنے کی دعوت دیتے ہیں۔ ان کی گفتگو کے انداز سے پتہ چلتا ہے کہ لڑکی پہلے ہی دعوت قبول کر چکی تھی مگر اب پس و پیش کرتی ہے اور عاشق کو ساتھ نہ لے جانا خلاف مروت خیال کرتی ہے۔ آنے والے اِسے محسوس کرتے ہیں۔ اور فوراً عاشق کو بھی مدعو کرتے ہیں وہ انکار کرتا ہے۔ یہ اصرار کرتے ہیں۔ لڑکی بھی ضد کرتی ہے۔ مجبوراً اقرار کر لیتا ہے۔ آنے والے جلد موٹر بھیجنے کا وعدہ کر کے رُخصت ہو جاتے ہیں۔

عاشق معشوق کمرے میں تنہا ہیں۔ اب وہ منظر سامنے آتا ہے جو ہنساتا بھی ہے اور رنج بھی دیتا ہے۔ عاشق، دعوت کا لباس پہنتا ہے مگر کوئی کپڑا بھی درست نہیں ہے۔ سب اِتنے پھٹے پُرانے ہیں کہ شرم سے عرق عرق ہو جاتا اور دلی رنج محسوس کرتا ہے۔ لیکن بناوٹی خوشی کا اظہار بھی کرتا ہے۔ بٹام جا بجا سے ٹوٹے ہیں۔ ایک بٹام ملتا ہے تو دوسرے کا پتہ نہیں۔ ایلین بھی اپنی آرائش میں مصروف ہے۔ تھیٹر کے منیجر نے رقص کا لباس عاریتہً دے دیا ہے۔ اُسی کو پہنتی ہے اور حُسن کی، دیوی معلوم ہوتی ہے۔ مگر اُس کی بھی زینت کا تمام سامان موجود

نہیں۔ وہ جھنجھلاتی ہے لیکن اپنے عاشق کی اندرونی تکلیف محسوس کر کے مصنوعی تبسّم دکھاتی ہے اور تسلّی دیتی ہے۔ عاشق وعدہ کرتا ہے کہ آیندہ دونی محنت کرے گا اور اُسکی ضرورت کی تمام چیزیں جلد مہیا کر دے گا۔

موٹر آ گئی۔ ماں کو دیکھو کیسی خوش ہے؟ بیٹی کے حُسن پر قربان ہوئی جاتی ہے۔ لو، اُس کے پیچھے چلی جاتی ہے۔ بٹکے ہوئے دامن اُٹھائے ہے کہ لڑکی کا لباس سیڑھی کے غبار سے میلا نہ ہو جائے کم سن خادمہ شوقِ خدمت میں موم بتی لئے آگے آگے چل رہی ہے۔ عاشق کو دیکھو، چہرہ اُترا ہوا ہے مگر خوشی کا اظہار کر رہا ہے۔ دِل رو رہا ہے مگر لبوں پر مصنوعی تبسّم نمایاں ہے!

## (۴)

دوسرے وقفہ کے بعد انقلاب حال شروع ہو جاتا ہے۔ تمہاری آنکھوں کے سامنے اب ایسے لوگ ہیں جنہیں بمشکل پہچان سکتے ہو۔ دولت وعشرت نے ان کے اطوار اور انداز بدل دئے ہیں۔ اب غربت کی مسکینی کہیں نظر نہیں آتی۔ ایلین کے کمال نے بڑی شہرت حاصل کی ہے۔ ہر جگہ مقبول ہے۔ دنیا مسکرا کے قدموں سے لپٹ گئی ہے۔ شب و روز سونا برس رہا ہے، کسی کو بھی افلاس کی شکایت باقی نہ رہی۔ اب نازنین کی ماں وہ بڑھیا ادھیڑ عورت نہیں ہے جس ہم نے پہلی فصل میں دیکھا تھا۔ اب اُسکے چہرہ پر شباب کی رونق لوٹ آئی ہے، نئے فیشن میں ملبوس ہے۔ گفتگو کی طرز بھی بدل گئی۔ اب وہ پیرس کی خاتون ہے، آواز میں بھی بڑا تغیر ہو گیا۔ اب وہ خوش گلو ہے۔ حرکات وسکنات بھی پہلے سے نہیں رہے۔ اب پھرتیلی اور چست وچالاک ہے۔ استاد موسیقی بھی اب وہ پہلے کا خستہ حال، پژمردہ گویا نہیں رہا۔ اب وہ ایک خوش حال رئیس ہے، بھاری بھرکم سنجیدہ، باوقار! سب سے بڑھ کر یہ کہ اب اپنی محبوبہ ایلین کا شوہر ہے۔ صرف یہی لوگ نہیں، بلکہ ان کی غریب خادمہ بھی بالکل بدل گئی ہے۔ ایک نئے نوکر کا بھی اضافہ ہوا ہے۔ پیرس کا وہ حقیر گھر بھی نہیں رہا جو موم بتی سے روشن کیا جاتا تھا اور جس کی زمین دامن میلے کر ڈالتی تھی۔ اب وہ سمندر کے خوش منظر ساحل پر ایک شاندار عمارت میں ہیں۔ ہر موسمِ گرما میں ایلین کے دوستوں اور قدردانوں کا یہاں ہجوم رہتا ہے۔ تمام چوٹی کے آدمی

جمع ہوتے ہیں۔

ہم تھیٹر کے منیجر اور اس کے مالدار ساتھی کو چند اور دوستوں کے ہمراہ ایلن کے گھر بار بار آتے جاتے دیکھتے ہیں۔ وہ بیٹھتے ہیں، کھیلتے ہیں، مزاح کرتے ہیں، قہقہے لگاتے ہیں۔ ایلن کا شوہر مطمئن اور خوش ہے۔ اپنے دوست سے شکر گذاری کے لہجے میں کہتا ہے "خدا کی مشیت یہی تھی کہ میں مالدار ہو جاؤں۔ میں عنقریب ایک موسیقی آمیز قصہ لکھنے والا ہوں جو ضرور مقبول ہوگا۔ میرا تعلق ایک بڑے اخبار سے بھی ہو گیا ہے جس میں موسیقی پر نقد کیا کروں گا۔"

گفتگو جاری تھی کہ ایلن کے دوست آ گئے۔ استاد موسیقی اپنے دوست کے ساتھ کسی کام سے باہر چلا گیا۔ ایلن اپنے دولت مند قدردان کے ساتھ تنہا کمرہ میں ہے۔ باقی احباب ملاقات کے ایوان میں بیٹھے ہیں۔ گھر کے مالک کی واپسی کا انتظار کر رہے ہیں۔ ایلن اور اسکے دوست میں گفتگو چھڑتی ہے۔ عجیب صورت حال! دونوں عاشق ہیں! عورت اپنے شوہر سے خیانت کر رہی ہے۔ اب معلوم ہوا اس تمام دولت کا سرچشمہ بھی خیانت ہے۔

اسوقت ہمیں یہ بھی معلوم ہو جاتا ہے کہ ایلن کا آشنا اس کے غبی شوہر سے تنگ آ گیا ہے۔ اسلئے تنگ ہے کہ اپنی آشنا سے دل کھول کر متمتع ہونا چاہتا ہے۔ مگر یہ غبی شوہر بیچ میں سدِ راہ ہو جاتا ہے!

یہ شوہر واقعی غبی ہے، یا غباوت ظاہر کرتا ہے؟ یہ مصنوعی غباوت اس لیے تو نہیں کہ دولت سے فائدہ اٹھائے؟

مالدار فاسق کا یہی خیال ہے۔ مگر ایلن اسے ماننے سے انکار کرتی ہے۔

## (۵)

دونوں تخلیہ میں ہنسی مزاح کر رہے تھے کہ باہر دوستوں کی آواز بلند ہوئی "حضرت آ گئے! حضرت آ گئے!"

دونوں ہوشیار ہو گئے۔ شوہر گھر میں داخل ہوا۔ احباب رخصت ہوئے۔ اب میاں بیوی تنہا ہیں۔ دونوں میں باتیں ہوتی ہیں۔ شوہر کی اداسی نمایاں ہے۔ بیوی وجہ پوچھتی ہے

وہ پس و پیش کرتا ہے۔ پھر بتاتا ہے کہ لوگ اُسے "ایلین کا شوہر کہتے ہیں"۔ اس کا نام نہیں لیتے بھی نہیں بلکہ اُسے دیکھ کر مُسکراتے ہیں، آنکھیں مارتے ہیں۔ اشارے کرتے ہیں۔ لہٰذا اُسے کچھ شک ہے۔ بیوی اپنے تمام چلتر اور حسن کی دلفریبیاں کام میں لاتی ہے۔ شوہر کے شکوک دُور کرنا چاہتی ہے۔

اب دیکھو، شوہر تنہا ہے۔ بیوی کا بٹوا کھول رہا ہے۔ اُس میں ایک بڑی رقم موجود ہے۔ اس کا شبہ اور زیادہ ہوجاتا ہے، وہ سوچتا ہے کل ایلین جُوے میں بہت روپیہ ہار گئی لیکن اسے خبر تک نہ دی، شُبہ اور بھی قوی ہوجاتا ہے۔ دیکھو اُس نے میز کا خانہ کھولا قیمتی جواہرات کا کنٹھا ہاتھ میں لیا۔ یہ کہاں سے آیا؟ بیوی نے اِس کا ذکر تک نہ کیا شک اب یقین کی صورت اختیار کرلیتا ہے!

لیکن ایلین چالاک ہے۔ شوہر عاشق ہے۔ آسانی سے دھوکا دے سکتی ہے۔ چند میٹھی میٹھی باتیں تمام شکوک دفع کردینے کے لئے کافی ہیں۔ شوہر اپنے نوکر اور خادمہ سے بھی زیادہ غبی ہے۔ یہ دونوں سب کچھ جانتے ہیں۔

(۶)

تیسرے وقفہ کے بعد ہم ایلین کے شوہر کو اپنے دوست سے گفتگو میں مصروف پاتے ہیں۔ اب اُسے کامل یقین ہوگیا ہے۔ بیوی کی خیانت میں کوئی شُبہ باقی نہ رہا۔

اُسے یہ یقین اِس طرح حاصل ہوا کہ ایلین اور اُس کے احباب نے تفریح کے لئے جانا چاہا۔ شوہر نے عذر کیا اور کسی بہانہ سے گھر ہی میں رہ گیا۔ اُن کی روانگی کے بعد خود بھی تعاقب میں پوشیدہ چلا۔ اُس نے احباب کے ساتھ ایلین اور اُس کے مالدار آشنا کو نہیں پایا۔ دونوں دن بھر کہیں غائب رہے۔

بدنصیب شوہر سخت اُداس ہے، لیکن اپنے کو سنبھالے ہوئے ہے دوست سے کہتا ہے "موجودہ شرمناک صورتِ حال ناقابلِ برداشت ہے۔ مَیں اِس زندگی سے بیزار ہوں۔ اپنی سابق غریبانہ مگر شریفانہ زندگی کی طرف لوٹ جانا چاہتا ہوں۔ لیکن واپسی سے پہلے ایک کھیل کھیلنا چاہتا ہوں۔ بہت ہی دردناک کھیل!"

احباب، سیر سے واپس آگئے۔ ایلن اور اس کا آشنا بھی ہمراہ ہے۔ سب اپنے اپنے مشاہدے بیان کر رہے ہیں۔ شوہر دل میں کٹا جاتا ہے، مگر ظاہر میں دلچسپی کا اظہار کر رہا ہے۔ ہنسی خوشی سب کی سُنتا ہے۔ سب اُسے بے وقوف بنا رہے ہیں اور سمجھتے ہیں وہ کچھ نہیں سمجھتا!

(۷)

رخصت کا وقت آگیا۔ سب اِس قرار داد کے ساتھ جانے لگے کہ ہوٹل میں رات کھانے پر جمع ہوں گے۔ لیکن ایلن کے شوہر نے اپنی بیوی کے آشنا سے چند لمحے ٹھہرنے کی درخواست کی۔ کمرہ میں صرف تین شخص رہ گئے: میاں، بیوی، اور اُس کا آشنا۔ اِس وقت وہ موثر منظر آنکھوں کے سامنے آجاتا ہے جو شوہر سے گہری ہمدردی، بیوی سے شدید نفرت، اور آشنا پر سخت غصّہ کے جذبات پیدا کر دیتا ہے۔

غضب ناک مایوس شوہر کو دیکھو! وہ اپنا اور اپنی شرافت کا انتقام لینا چاہتا ہے۔ لیکن بالکل نئے قسم کا انتقام! وہ کسی طرح کا تشدّد کرنا پسند نہیں کرتا۔ انتقام میں بھی نرم اور بُردبار رہنا چاہتا ہے۔

دیکھو، بیوی اُٹھ کر دوسرے کمرہ میں چلی گئی۔ اب دونوں رقیب رُو در رُو بیٹھے ہیں۔ شوہر اپنی بیوی کے عاشق سے گفتگو کرتا ہے۔ بغیر کسی تمہید کے ظاہر کر دیتا ہے کہ "میں سب کچھ جانتا ہوں!" عاشق مبہوت ہو کر رہ جاتا ہے۔ حواس بجا کر کے ڈرتے ڈرتے پوچھتا ہے "تو کیا ارادہ ہے؟" اُسے یقین تھا، جواب میں "مبارزت" اُسنے گا۔ مگر یہ دیکھ کر حیرت زدہ ہو جاتا ہے کہ شوہر کچھ نہیں چاہتا۔ موجودہ صورت حال پر رضامندی کا اظہار کرتا ہے۔ حیرت فوراً شدید حقارت میں تبدیل ہو جاتی ہے۔ فاسق عاشق اِس شوہر کو نفرت و حقارت کی نظر سے دیکھتا ہے جس کی رگوں میں گرم خون کا ایک قطرہ بھی نہیں ہے، اور جو اِس بات پر راضی ہو جاتا ہے کہ اس کی بیوی، اُس میں اور بیوی کے آشنا میں مُشترک رہے!

عاشق رخصت ہوتا ہے ایلن مُسکراتی ہوئی اپنے شوہر کے پاس آتی ہے گفتگو جاری ہوتی ہے۔ یہاں تک کہ شوہر بیوی سے بھی اچانک کہہ دیتا ہے کہ "میں سب کچھ جانتا ہوں!" وہ ششدر

رہ جاتی ہے۔ خوف سے کانپنے لگتی ہے مگر وہ سنجیدگی سے کہتا ہے "کوئی حرج نہیں۔ مجھے یہ منظور منظور ہے!" بیوی بے حد حقارت سے بے غیرت شوہر کو دیکھتی ہے۔ واقعی اُس کا دل سخت مجروح ہوا ہے۔ وہ چاہتی تھی، شوہر اُس سے محبت کرتا، اور اسلئے اس کی خیانت پر غضبناک ہوتا۔ مگر اب دیکھتی ہے کہ شوہر کو اُس کی ذرا بھی قدر نہیں۔ آہ، وہ اپنی حیثیت کوڑہ کرکٹ سے زیادہ نہیں پاتی!

اس بے غیرتی پر شوہر کو سخت سُست کہنے لگتی ہے۔ اس پر شوہر کا جام صبر بھی لبریز ہو جاتا ہے۔ جذبات بہت دبائے، اب بے قابو ہوا جاتا ہے۔ یہ دیکھو، آتش فشاں پھٹا۔ غیظ و غضب نے دیوانگی کی شکل اختیار کرلی محبت اپنی پوری قوت سے ظاہر ہوئی۔ غیرت ہولناک درجہ تک پہنچ گئی ہے۔ اب وہ رک نہیں سکتا۔ خائن بیوی کو اسکے غضب سے کوئی بچا نہیں سکتا۔ اچانک چلاتا ہے "میری دیوثی دیکھے گی!" عورت لرزہ بر اندام ہے۔ بید کی طرح تھرتھراتی ہے۔ مگر دل کی گہرائی میں مسرت و سعادت محسوس کررہی ہے۔ اب اُس نے دیکھ لیا کہ شوہر محبت سے خالی نہیں۔ اب تک آتش عشق میں جل رہا ہے۔ غیرت سے انتقام پر تُلا ہوا ہے۔ وہ اُس کے قدموں پر گرنا چاہتی ہے۔ معافی کا ارادہ کرتی ہے۔ توبہ کے لئے آمادہ ہو رہی ہے۔ شوہر غصہ کی دیوانگی میں اس پر ٹوٹ پڑنے کو ہے۔ لیکن افسوس، یہ کیا ہوا؟ شوہر اچانک سنبھل جاتا ہے، رُک کر کھوکھلی آواز میں کہتا ہے "موٹر آتی ہوگی۔ اپنے آشنا کے ساتھ چلی جانا۔" پھر فوراً بھاگ کر گھر سے نکل جاتا ہے۔ عورت رونا، دھونا واویلا کرنا شروع کر دیتی ہے!

(۸)

بے غیرت شوہر نے کہا تھا "موٹر آتی ہوگی۔ اُس پر چلی جانا۔" مگر اب موٹر کہاں؟ ایلن کے آشنا نے محسوس کیا تھا کہ اس کے دل میں شوہر کی دیوثی پر نفرت و حقارت پیدا ہوگئی ہے، حالانکہ اس نفرت و حقارت کی تہ میں ایک دوسری نفرت بھی پوشیدہ تھی؟ کون سی نفرت؟ ایلن سے نفرت! اُس عورت سے

نفرت جس کی اب کوئی قیمت عشق باقی نہیں رہی تھی، جو اب کسی شوہر کی محبوبہ نہ تھی، بلکہ خود شوہر کی طرف سے فسق وہوس کی پیش کش تھی!

ایلن اپنے شوہر اور اپنے آشنائے فسق، دونوں سے محروم ہو گئی یہ اُس کے شوہر کا انتقام تھا۔

۱۱ر نومبر ۱۹۲۷ء

# خطِ استوا کے افریقی قبائل

## ملک نم نم

## ایک افسانہ نما تاریخی سرگذشت

اسمٰعیل پاشا خدیو مصر کے زمانے میں مصری فوجیں، فتح کرتی ہوئی خطِ استوا تک پہونچ گئی تھیں۔ یہ سرزمین ایسی تھی کہ مصریوں سے پہلے وہاں کوئی متمدن انسان بھی نہیں پہونچا تھا۔ صرف بعض عرب بردہ فروش کبھی کبھی اس کی سرحدوں تک پہونچ جاتے اور غلامی کے لئے آدمی پکڑ لاتے۔

اس سرزمین کی تمام قومیں اُس وقت (اور اب بھی) ازحد وحشی تھیں۔ فاتح فوجوں کو ناقابلِ بیان مصائب کا سامنا کرنا پڑا۔ ایک طرف موسم اور آب وہوا برداشت سے باہر تھی۔ شب و روز پانی برستا رہتا تھا۔ ہر طرف کیچڑ اور دلدلیں تھیں۔ دوسری طرف برّی و بحری درندے حملے کرتے تھے۔ مچھروں کی مصیبت بھی کچھ کم نہ تھی۔ ایسے قاتِل مچھر شاید ہی دنیا کے کسی حصّہ میں ہوتے ہوں جیسے کہ اس دلدلی زمین میں تھے۔ اس سے بھی بڑھ کر خود وہاں کے باشندوں کا خطرناک وجود تھا۔ وہ کسی نظامِ جنگ سے واقف نہ تھے۔ منظم فوجیں، باقاعدہ لڑائیوں کی عادی تھیں۔ مگر وہاں کے باشندے بے قاعدہ لڑائی میں ماہر تھے۔ تیرانداز ایسے تھے کہ بندوقوں

اور توپوں سے مسلح فوجیوں کو بھگا دیتے تھے۔ اگر قیدی اُن کے ہاتھ پڑ جاتے تھے، تو اُن سے نہایت وحشیانہ سلوک کرتے تھے۔ ایسا وحشیانہ سلوک جس کا متمدن دُنیا تصوّر نہیں کرسکتی!

(۲)

کامل ۱۰ ماہ کی ہولناک جدوجہد اور خوں ریز جنگوں کے بعد مصری فوجیں خطِ استوا کے ایک جدید علاقے میں پہونچیں۔ انھوں نے باشندوں کو اپنے مقابلے کے لئے مستعد پایا۔ فوجوں نے فوراً کانٹے جمع کرکے مورچے بنائے اور رات بسر کرنا چاہی۔ مگر آدھی رات کو وحشی باشندوں نے حملہ کردیا، تمام مورچے جلادیے، اور پوری تین پلٹنیں کاٹ کر ڈال دیں۔ بقیۃ السیف قید کرلئے گئے۔

تمام قیدی راستے ہی میں مرگئے تھے۔ صرف تیس آدمی نیم جان حالت میں ان کے لشکرگاہ تک پہونچ سکے۔ ان میں سے دو شخصوں کا حال ہم لکھنا چاہتے ہیں۔

(۳)

ایک قیدی، مصری تھا، اُس کا نام "شعبان عددی" تھا۔ دوسرا سوڈانی تھا۔ اُسکا نام "بخیت کوکو" تھا۔ ان دونوں میں ایسی محبّت اور دوستی تھی کہ اس کی نظیریں دنیا میں کم ملیں گی۔ دوستی اس طرح شروع ہوئی کہ ایک مرتبہ بخیت کوکو خرطوم میں تھا اور دریائے نیل میں نہارہا تھا۔ اچانک دریا کی موجوں نے اُسے کھینچ لیا اور غرق ہونے لگا۔ فوج کے بہت سے آدمی موقع پر موجود تھے مگر کسی کو مدد کی جرأت نہ ہوئی۔ لیکن "شعبان عددی" فوراً کود پڑا، اور اپنی جان خطرے میں ڈال کر ڈوبتے ہوئے سوڈانی کو بچالیا۔ اِس خدمت کے صلے میں بخیت کوکو نے قسم کھائی کہ عمر بھر اُس کا دوست رہے گا۔ اور ہمیشہ اُسی کے ساتھ زندگی بسر کرے گا۔ بخیت کوکو کا کوئی عزیز یا قریب مصر میں موجود نہ تھا۔ وہ دراصل ایک غلام تھا اور حکومت نے اسے آزاد کردیا تھا۔ اس کا خاندان خطِ استوا ہی کے ایک علاقے میں موجود تھا۔ مگر وہ وہاں واپس جانا نہیں چاہتا تھا۔

اس واقعہ کے بعد پھر کبھی کسی نے ان دونوں دوستوں کو جُدا ہوتے نہیں دیکھا۔ ہمیشہ ساتھ ہی رہتے تھے۔ حتیٰ کہ رات کو بھی ساتھ ہی سوتے تھے۔ اتفاق سے وہ دونوں ساتھ

ہی قید بھی ہوئے، اور ایک ہی رسّی میں باندھے گئے۔ وحشی فاتح جب انھیں اپنے لشکر میں لے جا رہے تھے، تو بجیت کوکو نے اپنے دوست شعبان عدّدی سے کہا "میں ان قبیلوں کی زبان اور عادات سے بخوبی واقف ہوں۔ یہ لوگ قیدیوں کو سخت تکلیف دینے کے بعد زندہ جلا دیتے ہیں اگر تم منظور کرو تو اِن سے میں درخواست کروں گا، کہ ہم دونوں کو ساتھ ہی جلائیں۔ لیکن میں کوشش کروں گا، کسی تدبیر سے انہیں دھوکہ دیدوں"، مصری از حد خائف تھا۔ تقریباً مجنوں ہو چکا تھا اُس نے اپنے دوست کی تائید کی۔

(۴)

وحشی فاتحوں نے اپنے لشکر میں پہونچ کر جشن شروع کیا۔ تقریب کا آغاز اس سے ہوا کہ دو قیدی افسروں کو برہنہ کرکے ایک درخت کے تنہ سے باندھ دیا گیا اور نوجوانوں نے اُن پر تیراندازی شروع کی۔ ہر تیر پر مظلوم قیدیوں کی فریاد بلند ہوتی تھی، اور وحشی فاتحوں کے پُرمسرت نعرے ہوا میں گونج اٹھتے تھے۔ ایک قیدی تو فوراً مر گیا مگر دوسرا پانچ دن تک زندہ رہا۔ روز صبح سے شام تک اُسکے زندہ جسم پر تیر افگنی کی مشق کی جاتی تھی!

اِس تماشہ کے بعد جتنے قیدی خوف و دہشت سے مر نہیں چکے تھے، زندہ جلا دئے گئے۔ پھر اِن دونوں دوستوں، یعنی شعبان عدّدی اور بجیت کوکو کی باری آئی۔ بجیت نے قبیلے کے سردار سے اُس کی زبان میں کہا "ہم دونوں ترک نہیں ہیں جیسا کہ تم خیال کرتے ہو ہم ملک کرکورو کے رہنے والے ہیں۔ ہمیں ترک پکڑ لے گئے تھے اور زبردستی تم سے لڑنے پر مجبور کیا۔ مگر ہم نے کوئی ہتھیار نہیں چلایا اور قید ہو گئے تاکہ تمہارے ساتھ مِل کر ترکوں سے لڑیں۔ اگر تم ہمیں مارو گے نہیں تو ہمارے قبیلے بھی تمہاری مدد پر آجائیں گے۔"

بڑی حجت و تکرار کے بعد سردار نے دونوں قیدیوں کو زندہ رکھنا منظور کرلیا۔ زیادہ تر اِس خیال سے کہ اِن سے بطور ترجمان کے کام لیا جائے گا۔

(۵)

اس کے بعد دونوں قیدی وحشیوں کے ساتھ رہنے اور ان کی وحشیانہ رسموں میں شریک ہونے لگے۔ اِس پر ایک مدّت گزر گئی۔ اب شعبان عدّدی اُداس رہنے لگا، کیونکہ نجات

سے ناامید ہوگیا تھا۔ بجنت کو کو ایک دن کسی ضرورت سے جُدا ہوا۔ شعبان نے یہ موقع غنیمت سمجھا۔ درخت میں رسی باندھی اور اپنے گلے میں پھندا لگا کر لٹک گیا۔ درخت پر بلبلیں اور غوغائیاں بیٹھی تھیں۔ اچانک چلّا اُٹھیں۔ اتفاق سے بجنت کو کو بھی اب پہونچ چکا تھا۔ چڑیوں کا شور سُنکر نظر اٹھائی تو اپنے دوست کو لٹکتے دیکھا۔ حیرت انگیز پھرتی سے وہ درخت پر چڑھ گیا، اور اپنے تیز خنجر سے پھانسی کی رسی کاٹ دی۔ شعبان، نیچے گرا۔ بجنت بھی ساتھ ہی پھاندا اور دوست کی لاش پر نوحہ کرنے لگا!

بجنت کو کو ابھی نوحہ وفغاں کر ہی رہا تھا کہ شعبان نے آنکھ کھول دی۔ وہ مرا نہیں تھا۔ صرف بے ہوش ہوگیا تھا۔ بجنت بہت خوش ہوا اور بتایا کہ "میں نے قبیلے کے سردار کو راضی کرلیا ہے کہ ہم دونوں، وحشیوں کو بندوق چلانا سکھا دیں۔ جب ہتھیار ہمارے ہاتھ آجائیں گے تو میں تمہیں لے کر ملک نم نم کی طرف بھاگ جاؤں گا۔ وہ یہاں سے صرف ۲۰ دن کے فاصلے پر ہے۔ مجھے راستہ اچھی طرح معلوم ہے"

"میں نم نم میں نہیں جاؤں گا کیونکہ وہاں آدمیوں کا گوشت کھایا جاتا ہے!" شعبان نے خوف زدہ ہو کر کہا۔

"دوست! یہ تم سے کس نے کہہ دیا؟" بجنت کو کو نے کہا "یہ بالکل جھوٹ ہے نم نم میں صرف دو قبیلے، آدمی کھاتے ہیں۔ اور وہ بھی ہر طرح کا آدمی نہیں۔ صرف بیمار آدمیوں کا گوشت کھالیتے ہیں۔ اُن میں کسی ایک قبیلے میں جب کوئی بیمار ہوجاتا ہے اور اچھا نہیں ہوتا، تو اُسے دوسرے قبیلے میں بھیج دیتے ہیں تاکہ اُسے بھون کر، کھالیں۔ کیونکہ وہ آدمی کو دفن کرنا یا جلانا انسانیت کے خلاف سمجھتے ہیں!"

(۶)

یہ سُن کر شعبان بھاگنے پر راضی ہوگیا۔ کچھ مدت بعد لوٹ کی بندوقیں اور کارتوس آگئے۔ ایک رات جبکہ وحشی ناچ گانے میں مصروف تھے، دونوں دوستوں نے بندوقیں اٹھائیں، کارتوس کی پیٹیاں کمر میں باندھیں، اور اندھیرے میں بھاگ کھڑے ہوئے۔

رات بھر چلنے کے بعد وہ ایک ایسے علاقے میں پہونچے جہاں ہر طرف دلدلیں

تھیں۔ پورا ایک دن انہی دلدلوں کے عبور کرنے میں لگ گیا۔ اب وہ بہت تھک گئے تھے اور بھوک سے بے حال ہو رہے تھے۔ جوں ہی ایک خشک زمین پر پہونچکر اُنہوں نے چاہا کہ سستالیں، نجیب کو کوچلایا "فوراً درخت پر چڑھ جاؤ!" شعبان بدحواس ہو گیا مگر نجیب دوڑ کر اُس کے پاس آیا اور اسے گود میں اٹھا کر درخت پر چڑھا دیا، اور خود بھی اوپر پہونچ گیا۔ فوراً ہی انہوں نے دیکھا کہ ایک عظیم الشان کرگدن، تیر کی طرح دوڑتا ہوا چلا آرہا ہے۔ آتے ہی اُس نے قریب کے ایک درخت پر حملہ کیا اور پورا درخت اکھاڑ کر پھینک دیا۔ دونوں دوستوں کے پاس بندوقیں موجود تھیں۔ اُنہوں نے فیر کیا اور سہم گولیوں میں حیوان کو گرا دیا۔ اب وہ خوش خوش اُترے اور اُس کا گوشت بھون بھون کر کھانے لگے۔

مسلسل کئی دن تک انہوں نے جنگلی کیلے اور آم کے جنگلوں میں سفر کیا۔ راستے میں بہت سے دریا ملے۔ دونوں دوست درخت کاٹ کر کشتی بناتے تھے اور دریا عبور کر جاتے تھے۔

کئی ہفتے کے سخت ہولناک سفر کے بعد وہ ملک نم نم کی سرحد پر پہونچ گئے۔ رات انہوں نے ایک اونچے پیڑ کی شاخوں پر گذاری۔ وہ مشورہ کرتے رہے کہ یہاں کے بادشاہ کو کیا ہدیہ پیش کرنا چاہیئے؟ کیونکہ بادشاہ اگرچہ انصاف پسند تھا مگر کسی اجنبی کو بلا سبب ملک میں داخل ہونے نہیں دیتا تھا۔ آخر انہوں نے طے کیا کہ اپنے ہتھیار اسکے سامنے پیش کریں گے۔

صبح وہ چلے جارہے تھے کہ ناگاہ اُنہیں زمین پر ایک آدمی کی لاش نظر آئی۔ پاس ہی ایک گٹھری بھی رکھی تھی۔ قریب کے درخت سے گدہا بندھا تھا۔ انہوں نے خیال کیا، کوئی مسافر تھا۔ گدہا باندھ کر اور گٹھری سر کے نیچے رکھ کر آرام کے لئے لیٹا ہوگا، مگر کسی درندہ نے اُسے مار ڈالا۔ پھر انہوں نے گٹھری کھولی تو اس میں ریشمی اور کلابتونی کپڑے رکھے تھے۔ وہ بہت خوش ہوئے اور کہنے لگے "بادشاہ کے لئے یہ اچھا تحفہ ہے۔ گدہا دیکھ کر وہ بہت خوش ہوگا۔ کیونکہ اس ملک میں گدہا ناپید ہے۔"

اب انہوں نے چاہا یہ مالِ غنیمت لیکر آگے بڑھیں، مگر فوراً ہی پاس کی جھاڑی سے ایک تیسر ببر مہیب آواز سے چلاتا باہر نکلا مگر وہ ڈرے نہیں۔ فوراً بندوق چلائی اور شیر کو مار ڈالا۔

(۷)

شاہ نم نم کا پایۂ تخت سامنے تھا۔ بندوق کی آواز وحشی باشندوں کے لیے بالکل نئی تھی بہت سے آدمی گانوؤں سے نکل آئے اور آواز کی طرف دوڑے۔ خود بادشاہ سب سے آگے تھا۔ بجنت کو کونے بادشاہ کو دیکھا تو شاہانہ آداب و کورنش بجالایا، اور اپنا اپنے دوست کا پورا قصہ کہہ کر سنایا۔ پھر اس نے کہا:

"میرا یہ دوست، اپنے وقت کا رستم ہے۔ خود اعلیٰ حضرت ملاحظہ فرما رہے ہیں کہ اُس نے کِس آسانی سے شیر مار ڈالا، اور اِس عجیب مخلوق (یعنی گدھے) کو اپنی سواری بننے پر مجبور کردیا!"

بادشاہ بہت متحیر ہوا۔ گدھے کی صورت دیکھ کر اُس کے تعجب کی کوئی انتہا نہ رہی۔

پھر بجنت کوکو نے بادشاہ سے کہا "گدہا اصل میں میرے اِس دوست کے بھائی کی سواری ہے۔ وہ اِس پر سوار ہوکر تمام دنیا میں سفر کرتا رہا۔ وہ اپنے اس گم شدہ بھائی کو تلاش کر رہا تھا جسے وحشی لوگوں نے قید کرلیا تھا۔ وہ اپنے ساتھ اعلیٰ حضرت کے لئے یہ کپڑے بھی لایا تھا۔ مگر افسوس کہ درندے نے اُسے سوتے میں مار ڈالا۔ اب میرا دوست اعلیٰ حضرت کی خدمت میں یہ کپڑے نیز یہ جہنمی ہتھیار جس سے اُس نے چشم زدن میں شیر کو مار ڈالا، ہدیتہً پیش کرتا ہے!"

بادشاہ از حد مسرور ہوا اور ہدیے قبول کرلئے۔ پھر بجنت کوکو نے بادشاہ کی اجازت سے شعبان کو حکم دیا کہ گدھے پر سوار ہوکر بادشاہ کے رُوبرو اُسے دوڑائے۔ شعبان گدھے پر سوار ہوگیا۔ مگر سوءِ اتفاق سے گدہا چلّانے لگا۔ اُس کی عجیب آواز سُن کر وحشی باشندے اور خود بادشاہ پر سخت دہشت طاری ہوئی، وہ بے تحاشا بھاگ کھڑے ہوتے۔

بجنت کوکو نے دوڑ کر بادشاہ کو روکا، اور عرض کیا "یہ حیوان" سفر میں رہنے کی وجہ سے بدتمیز ہوگیا ہے! چند دن آرام کرنے کے بعد ٹھیک ہو جائے گا!"

بادشاہ نے اپنے کاہن سے مشورہ کیا۔ کاہن نے کہا "یہ مخلوق، اصل میں انسان ہی ہے اور جادو کے زور سے جانور بنا دیا گیا ہے۔"

تب بادشاہ کی آنکھوں میں غصّہ ظاہر ہوا۔ نجیبؔ کوکو سمجھ گیا۔ اُس نے بندوق اُٹھائی، اور گولی مارکر گدھے کا خاتمہ کردیا۔

اب بادشاہ کے ہوش وحواس درست ہوئے۔ اُس کا غصّہ دُور ہوگیا۔ دونوں مہمانوں کو اپنے قصرِشاہی میں اُتارا، جو پھونس کا ایک جھونپڑا تھا۔ پھراُن کے اعزاز میں پُرتکلف دعوت کی۔ اپنے دسؔ سب سے زیادہ موٹے کتّے ذبح کرائے اور ان کے کباب مہمانوں کو کھلائے!

شاہی مہمان عزّت واحترام سے رہنے لگے۔ اُنھیں ہرطرف پھرنے کی اجازت تھی۔ اُنھوں نے دیکھا، یہاں مرد بالکل برہنہ رہتے ہیں۔ عورتیں، صرف سبزپتّے باندھ کرسترپوشی کرتی ہیں۔ جب پتّے خشک ہوجاتے ہیں تو اُنھیں پھینک کرنئے پتّے باندھ لیتی ہیں۔ تعددازدواج کی عادت عام ہے۔ خود بادشاہ کے محل میں ۔۴۰ بیویاں تھیں۔ باشندے بہت مطمئن زندگی بسرکرتے ہیں۔ غذا وافرہے۔ ہرگھرمیں شہد بافراط موجود ہے۔

(۸)

چندماہ قیام کے بعد دونوں دوست بادشاہ کی اجازت سے خرطومؔ روانہ ہوئے۔ وہاں سے مصر پہونچے۔ شعبانؔ عدوی نے اپنے چچا کی لڑکی سے شادی کرلی اور اپنے دوست نجیبؔ کوکو سے اپنی بہن بیاہ دی۔

۲؍دسمبر ۱۹۲۶ء

# مکرم نیاز کی دو کتابیں

## راستے خاموش ہیں

(منتخب افسانے)

## فلمی دنیا: قلمی جائزہ

(تبصرے ر تجزیے)

فلمی دنیا : قلمی جائزہ

بین الاقوامی ایڈیشن درج ذیل معروف بک اسٹورس پر دستیاب ہیں

Amazon.com

Walmart

Barnes & Noble

D1734491